JN077540

人間力

野村克也

野村克也
Katusuya Nomura

電波社

はじめに——野球という縁《えん》に生かされて

野球と人生は不即不離

二月五日が何の日か、ご存じの方はそう多くはないだろう。この日は、「プロ野球の日」と定められている。

一九三六年（昭和一一年）二月五日、日本のプロ野球は、巨人、大東京、東京セネタース、名古屋、名古屋金鯱《きんしゃち》軍、大阪タイガース、阪急の七球団が参加する「日本職業野球連盟」として産声をあげた。以来、第二次世界大戦での一年余の中断をはさみ、今日まで長い歴史を積み重ねてきた。

これまで、どれだけの数の人間が選手として、あるいは監督や指導者として日本のプロ野球に関わってきたか、詳細なことはわからないが、私もその末席に列《つら》なる者の一人である。

私が生まれたのはプロ野球発足の前年だが（年度でいえば、同年度）、それだけに野球には不思議な縁を感じている。一九五四年に契約金ゼロのテスト生として入団し、二七年間、生涯一捕手としてプロ野球の現役生活を送った。その間、南海ホークス（現、ソフトバンクホークス）に二四年（うち八年間は監督兼任）、ロッテオリオンズ（現、ロッテマリーンズ）に一年、西武ライオンズに二年、お世話になった。選手としてだけでなく、ヤクルトスワローズで九年、阪神タイガースで三年、楽天イーグルスで四年間、監督をやらせていただいた。

それだけではない。私は、社会人野球や少年野球のチームの監督も経験している。また、バックネット裏に座り、テレビやラジオの野球中継の解説者も務めたし、評論家として、スポーツ新聞や雑誌などに野球に関する記事を書いてきた。

手前味噌に聞こえるかもしれないが、私ほど野球と深く関わった人間はいないと秘かに自負しているし、私ほど野球によって生かされてきた人間も少ないのではないかと思っている。野球のおかげで衣食住が満たされ、幸せな人生を送らせてもらっているわけだから、何か恩返しをしないと、罰が当たるのではないかという思いもある。

南海ホークスに入団した年から数えれば、六〇年間も何らかの形で野球の世界に関わっていることになるのだが、その間、私は野球という窓を通して、人間や社会というものを見つめてきた。数え切れないほど多くのことを野球から学ばせてもらったし、それが私を成長させる糧《かて》となってきた。

煎《せん》じ詰《つ》めていえば、野球と人生は不即不離《ふそくふり》の関係にあると、私は思っている。野球の原理原則やセオリーと呼ばれているものは、人生のさまざまな局面においても適応できるし、人生において人が考えなければならないことは、野球においても追究すべき大切なテーマとなる。

野球に生かされてきた私の、野球への恩返し

これまで数多くのプロ野球選手や関係者をはじめ、大勢の人間と接する機会を持ってきたが、**伸びる人間は、野球選手であれ、一般人であれ、共通している。感性が鋭く、問題意識や明確な目標を持ち、努力することをいとわない人間である。自分が何のために生きているのかに自覚的で、生かされていることに対する感謝の念を忘れない人間**である。そんな人間は、失敗したり、つまずいたりしても、ちょっとしたことでヒントを得たり、自分なりに工夫して、そこから力強く立ち直っていく。

人生は、ときとして過酷な試練を私たちに与える。そもそも人生において、自分の思い

通りになることなど、そうそうあるものではない。理想が高ければ高いほど、そこには現実という壁が立ちはだかる。前に進もうと思えば、足を取られかねないぬかるみが横たわっている。しかし、その前で逡巡《しゅんじゅん》しているだけでは、問題は解決しないし、人は成長することができない。**勇気を持って進んだものだけが、その人間にとってのかけがえのない宝を手に入れることができる**のだ。

この本では、六〇年にわたる長い野球人生の中で、私なりにつかみとった人間に関する真実を書こうと思った。それが、少しでも、生きることに真摯《しんし》に向き合っているがゆえに悩みや苦しみを抱えた人たちの指針や清涼剤になれば、これに勝る幸せはない。それこそが、野球という縁《えん》に生かされてきた私が恩返しできる数少ないことだと思っている。

野村 克也

野村克也 人間力・目次

第三章 「仕事」に通ず

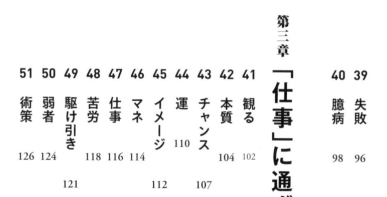

第四章 「言葉」に通ず

第五章 「組織」に通ず

装丁　伊藤清夏（コスミック出版）
写真　鷹野　晃
編集協力　大湊一昭
編集　椚島慎司（コスミック出版）

第一章

「人」に通ず

1 自分

自分を知りたいという欲求がなければ"道"を極めることはできない

「汝《なんじ》自身を知れ」

あまりにも有名なこの言葉は、人類の文明のふるさとのひとつである古代ギリシャのデルフォイの丘に建つ、アポロン神殿の入口の柱に刻まれていた格言だという。

日本であれば、さしずめ、伊勢神宮のような霊験《れいげん》あらたかな場所に掲げられていると想像してもいいだろう。

その前で、誰もが首を垂れ、謙虚にならざるをえないような神聖な場所に、そんな言葉が刻まれているということは、それだけ、人間にとって、おのれ自身を知ることがいかに難しいかということを表しているのではないだろうか。

自分のことは自分が一番よく知っていると思っているかもしれないが、往々にして他人のほうが自分のことをよく知っていることが多い。なぜなら、自分では自分のことを冷静に見られないからだ。意識はしなくても、どうしても自分に対しては欲目、ひいき目が働いてしまう。

能楽を大成した世阿弥《ぜあみ》の言葉に、「離見《りけん》の見《けん》」というものがある。「見ることを離れて見る」とは、いったん自分の見方を停止して、第三者の目で客観的に見ることの大切さや難しさを表しているのだと思う。

実際、世阿弥は、能を舞っているときに、自分から離れて観客の目から自分の演技を見ることができたという。

その対象を自分だとして考えた場合、他人のほうが自分のことを正しく見ているし、知っているともいえるだろう。

では、なぜ、自分自身を知ろうとすることが大切なのだろうか。それは、ものごとを知ることの第一歩となるからではないだろうか。

どんな世界や社会で生きようと、知りたいという欲求がなければ、その道を極めることはできない。

人間を突き動かす力強い原動力となるのが、この知に対する欲求である。

2 知る

己を知り、相手を知ることで、自ずといますべきことが見えてくる

私の長い野球人生のなかで、この「知る」ということは最大のテーマだったといってよい。私が深い感銘を受けた本の一冊に、兵法書の代表格として知られている『孫子《そんし》』がある。それまで、戦争や勝負は時の運に左右されるという考え方が強かったが、勝つにしろ、負けるにしろ、それなりの理由があり、それを知ることの大切さを唱えたのが、中国の春秋時代に生きた孫武《そんぶ》という人が書き著したとされる『孫子』である。その「謀攻篇」に、こうある。

「彼を知り己を知れば百戦して殆《あや》うからず。彼を知らずして己を知れば一勝一負す。彼を知らず己を知らざれば戦う毎に必ず殆うし」

彼（相手）のことも、己（自分）のことも熟知していれば、百回戦っても負けることはない。相手のことを知らず、自分のことだけを知っていれば、勝ったり負けたりで差がつ

かない。相手のことも、自分のことも知らなければ、戦うたびに必ず負ける。

勝負の機微というものについて、これほど的確に指摘した人はほかにいないのではないだろうか。そのポイントは、まさに「知る」ということなのである。

相手チームを倒したい、このバッターを打ち取りたい……。プロ野球選手として、あるいは監督として、私は寝ても覚めても、そのことばかり考えてきたといってもよい。

そのためには、まずは相手のことを知らなくてはならなかった。どんな選手がいるのか、どんな作戦を得意としているのか、チームの状況はどうなっているのか。強打者に対してなら、彼の得意とするボールは何か、苦手とするコースはどこか、調子はどうなっているのかなど、知らなくてはいけないことが多々あった。

それは、味方のチームに関しても同じである。いくら相手の弱点がわかったからといって、そこを攻め、凌駕《りょうが》するだけの選手や技術が味方チームに備わっていなかったら、その知ったことを生かすことはできない。

自分のことを知れば、自ずと、いま何をしなくてはならないのかがわかってくる。そうしたことを積み重ねることでしか、道は開けてこない。何をするにしても、結局は自分自身を知ることから始まるのではないだろうか。それは同時に、自分のさらなる可能性や成長の余地を見つけることにもつながるのである。

3

自己顕示欲

ケガの原因なるような身なりをするのはプロ意識の欠如である

人間には、親しい人や仲間はもちろん、見ず知らずの他人からも認められたいという欲求があるように思う。広い意味でいえば、この他人という言葉には、世間や社会も含まれる。心理学のほうの言葉で、これを「承認欲求《しょうにんよっきゅう》」というらしい。

若い人に限らず、世間には「目立ちたがり屋」と呼ばれる人たちがいる。話すこと、やること、着る服、持ちもの、そのほか何であれ、とにかくまわりの人たちとは少しでも違っていたいという人たちである。何かの専門家というわけでもないのに、のべつまくなしにテレビに出て、世間で起きたことに対して好き勝手な意見をいっているタレントや自称文化人のたぐいも、ただの目立ちたがり屋といえるのではないだろうか。

目立ちたがり屋といえば、最近ではわざと普通とは思われない頭髪や身なりをしている人が増えているように思えるが、あれなども承認欲求からきているのだろうか。だとしたら、私には感心できない。プロ野球の世界でも、そうした選手がやはり増えてきている。それも個性だといえるのかもしれないが、ことプレーに関することで気になるのが、裾《すそ》が広がったユニフォームのパンツを地面に引きずるようにしてはいている選手がいることである。あれでは走っているときに足が引っ掛かる危険性があり、ケガの原因になりかねない。そうしたものをはいてプレーすること自体、プロ意識の欠如《けつじょ》としかいいようがない。

また、最近は、ホームランを打ったり、バッターを三振に仕留めたときなどに、やたらと派手なパフォーマンスをしたり、聞こえよがしに雄叫びをあげたりする選手が少なくないが、ああいうこともファンやメディアに対する自己顕示欲《じこけんじよく》の表れなのだろうが、私には少しも格好のいいことだとは思われない。むしろ、頭脳的なプレーを含め、普通の人ができないようなプレーをあくまでもさり気なく実行できる選手のほうが、プロ野球選手として格好いいと思う。

私は、承認欲求や自己顕示欲それ自体を否定しているのではない。むしろ、人間にとって欠かせないものだと思っている。**ひとかどの人物になりたい、人間として成長したい、ひとつの道を極めたい、技術や技能を向上させたいというときに、他人から認められたいという承認欲求や自己顕示欲は、正しく使われれば努力や飛躍へ向けて自分を駆り立ててくれる重要なモチベーションとなる**からである。

4

認められたい

「承認欲求」はものごとに真剣に取り組む重要なモチベーションである

人は、仕事にしろ、勉強にしろ、あるいはスポーツにしろ、「認められたい」というモチベーションを欠いた状態では、本当には身が入りにくいし、あまりかんばしい結果や顕著な効果を望めないのではないだろうか。

かくいう私自身も、正直にいえば、他人から認められたいという承認欲求は人一倍強いほうだったのかもしれない。

甲子園出場など夢のまた夢、京都の野球無名校出身だった私のプロ野球選手としてのキャリアは、入団テストになんとか受かった練習生からスタートした。そんな私が這い上がるには、まず、監督やコーチに私という存在を認めてもらうことしかなかった。その後、一軍の主力選手となっても、当時、人気のうえでは極めてマイナーな南海ホークス（現・ソフトバンクホークス）という球団にいたため、マスコミなどに取り上げてもらう機会もほとんどなかった。

「王（王貞治《おうさだはる》）のホームランも俺のホームランも、同じホームランではないか。それなのになぜ、俺は取り上げてもらえないのか」

と、一人で愚痴《ぐち》をこぼすことがよくあった。

そもそも、私はキャッチャーというポジションだったが、勝てばスポットが当たるのはピッチャーばかり。ごく一握りの大投手といわれるようなピッチャーを除いて、自分の力だけで勝てるピッチャーなどそういるものではない。相手のバッターを抑えるには、キャッチャーのリードが極めて大切なのである。それなのに、ほとんどキャッチャーには日が当たらない。

どうしたら、キャッチャーというポジションが認めてもらえるのか、ずいぶんと悩んだものである。

そうした承認欲求を満たすため、私は人一倍努力した。

そんなときに、ヘアスタイルだとか、着ているものだとかに気を使っている余裕などなかった。

私を野球に真剣に向き合わせる原動力となったもの、そのひとつが承認欲求だったといえるだろう。

5 個性

自分だけが思い込んでいるものは、個性ではなく、独りよがりである

なにかというと、「個性」という言葉を使いたがる人がいる。「それが私の個性ですから」、「子どもの個性を大切にしたい」、「個性的な人になりたい」……、まるで個性の大安売りである。

いちいちそんなことをいわなくても、その人がその人であることで、十分に個性的なのではないだろうか。生物学的に見れば、この世に同じ遺伝子を持った人間などいないというから、それだけで十分、個性的だといえる。

やたらと個性を持ち出す人は、それを自分にとって都合のいい方便に使っているような気がしないでもない。やりたくないことがあったり、できないことがあったりすると、個性という言葉を使って、ただ言い逃れをしているだけではないだろうか。

そもそも、それほど個性が大切なものだとしたら、この世の中に教育は要らなくなる。

ただ、個性のままにさせていたのでは、人間として社会で生きていくうえで支障が出てくるおそれがあるということで、おそらく教育が施《ほどこ》されているのだと思う。

個性偏重のあおりといえるかどうかわからないが、どうも最近は、自分のことしか考えていないのではないかと思えるような利己的な大人が増えてきたように感じる。ちょっとしたことがあると、すぐに学校や教師に文句をつけるモンスターペアレントなども、その典型ではないだろうか。

個性を大切にすることは、たしかに多様性のある世の中を確保していくという意味では大事なことだと思うが、それを強調し過ぎたり、それが行き過ぎたりすると、かえっておかしい世の中になっていくような気がする。

百歩譲って、人間にとって個性が何よりも大事なものだとしても、その個性は自分で決められるようなものではない。他人が、そう認めてくれるから、それがその人の個性になっているのであって、**自分だけで思い込んでいることは個性でもなんでもなく、ただの独りよがり**である。

他者や社会と関係がないところには、個性はありえない。自分しか人間がいない無人島で個性といってみたところで、それは無意味なことである。

6 評価

他者が認めてくれるものが、本当の「個性」であり、「評価」である

要するに、**個性とは、他人が評価してくれるもの**なのである。自分がよければそれでいいではないかという人がいるが、それはただの自己満足であって、人や社会に受け入れてもらえるような個性ではない。人というのは、どうしても自分に対して甘くなる。それは自己愛というものがあるからだが、それゆえ、自分を客観的に見ることはなかなかできるものではない。

それを正しく判断してくれるのは、その人の周囲にいる人間であり、いわば他者、他人である。

会社や学校、あるいは地域社会で、自分のことをわかってくれる人がいない、自分を正しく評価してくれる人がいないと悩んでいる人も多いと思うが、それは他人の目にそう映っているという面も否定できない。そう思って、もう一度、自分のことを振り返ってみたり、

反省してみてはどうだろうか。そこから道が開けるかもしれないし、壁を乗り越えることができるかもしれない。

その努力を、見る人は、必ずどこかで見ていてくれる。私はかつて、「人生の師」と仰いだ草柳大蔵《くさやなぎだいぞう》（評論家　一九二四～二〇〇二）さんに、「キャッチャーという仕事は、誰にも正当な評価をしてもらえない損な役回りだ」と愚痴をこぼしたことがあった。すると、草柳さんは、こうおっしゃってくださった。

「そんなことはないよ、野村さん。よい仕事をしていたら、必ず見てくれている人がいる。仮に世の中にものが見えない人が千人いるとしたら、ものが見える目利きの人も千人いるものなんだ。そう思って、一生懸命、仕事をしなさい」

この言葉によって、私はずいぶんと励まされた。他人が正しく評価してくれるように、少なくとも野球をするうえでの努力を怠らないようにしようと思った。それが、いまの私を形成しているのは間違いない。仕事や人生における成功は、他人からの評価と重なっている。独りよがりの個性よりも、自分がどう努力し、どう振る舞ったかのほうが大事なのである。

自分のことを正しく評価してくれるのは、客観的な他人の目なのであり、その他人の評価こそが、その人の人生を導いていく指針になるのである。

7 ガッツ

ガッツや気迫溢れるプレーには敵、味方、ルールをも超越する力がある

何かにつけて昔の話を持ち出すのは老人になってきた証拠だといわれるが、その通りかもしれない。しかし、そうした話に何も学ぶべきものはないかというと、そうではないだろう。人は、あらゆるものから学ぶことができる。そこから、何を引き出すかは、その人自身の問題である。その意味で、年輩の人がもっと意見をいえる社会であってほしいし、それに耳を傾ける社会であってほしい。また、そうしなければ、先人の知恵や歴史の教訓といったものは引き継がれていかないのではないだろうか。

そんな話の一環として話すが、かつてのプロ野球選手には、ガッツのある人が多かった。戦前・戦後のプロ野球で活躍し、一九五〇年代から六〇年代にかけて東映フライヤーズ（現、日本ハムファイターズ）の監督兼選手や近鉄バファローズ（現、オリックスバファローズ）の監督を務められた岩本義行《いわもとよしゆき》さんなどは、その典型だといえる。

この人のガッツは、とにかくすごかった。ファーストランナーでいるときに、次打者が内野ゴロを打つ。本人は二塁でフォースアウトになるが、そのときにダブルプレーを狙ってセカンドがファーストに投げるボールに向かって、わざと正面からぶつかりにいくのである。ボールがおでこにあたり、ガツンと鈍い音がするが、本人はピンピンしてベンチに戻ってくる。こうしたプレーは、厳密にいえば守備妨害である。相手チームの監督なり、選手なりが審判に抗議してダブルプレーにすることができるのだが、あまりのガッツに誰もそのプレーに対してクレームをつけられない。岩本さんの気迫には誰も敵《かな》わないのだ。岩本さんは、そんな選手だった。**ガッツや気迫というものは、敵や味方、ルールさえも超越するような力を持っている。**

それを戦争体験に結びつけるのは、短絡的に過ぎるといわれるだろうが、私がプロ野球に入ったころは、軍隊から戻ってきて野球をやっている先輩が結構、いた。そうした選手たちは総じて、根性というか、闘争心のようなものがプレーの端々に感じられたものだ。

8 負けず嫌い

悔しそうな顔をしてベンチに戻ってくる選手ほど見込みがある

前項の岩本さんのガッツみなぎるプレーをひとことでいうなら、「負けず嫌い」ということになるだろう。

いま、この負けず嫌いを感じさせるような選手はほとんどいない。試合に負けても、平気な顔をしている選手が多い。プレーひとつとっても、三振したり、凡打したりしてベンチに戻ってくるときに、どういう顔をしているかで、その選手がわかる。やはり、「クッソー」、「チクショー」というような悔しそうな顔をして戻ってくる選手は見込みがある。

その反対に、**ヘラヘラと笑いながら帰ってくるような選手は伸びない。**

「三つ子の魂百まで」ではないが、**幼いころや若いころに身につけた負けず嫌いというのは、いくつになっても抜けない**のではないだろうか。私自身にも、そうした傾向はある。

ヤクルトの監督をやっているときには、巨人の長嶋茂雄《ながしましげお》監督にだけは負けたくないという思いがあった。そのために、巨人人気、長嶋人気を利用しない手はないと思った。

ヤクルトのオーナーや球団社長には了解を得ていたが、私は記者にコメントを求められたときなど、あえて長嶋監督や巨人の悪口、批判を展開した。この作戦は、功を奏した。ヤクルトのファンは喜んで、巨人戦となると多くの観客が球場に足を運んでくれた。私は、プロ野球の監督というものは、球団の広報も兼ねていると思ってやっていた。だから、その試合の七回ぐらいになると、きょうは試合後に何をいおうかと考えていた。

そもそも、マスコミを利用するという手法は、南海ホークスで監督をやっているときから実践していたことである。大阪といえば阪神タイガースであり、リーグが違う南海はどんなにがんばっても、スポーツ新聞の一面に取り上げてもらうことはなかった。そこで私は、どんどん阪神批判をした。

負けず嫌いだけで相手を圧倒したり、試合に勝ったりすることはできないが、根本にそうした気持ちがないと、人から注目もしてもらえない。それだけ、人の気持ちをとらえ、動かし、興味を持たせるというのは大変なことである。しかし、そこから逃げていては、プロとしてのステージに立つことはできないのである。これは一般の社会人にも当てはまることではないだろうか。

9 劣等感

私の原動力は貧乏ゆえの劣等感。すべてはそこから出発している

いまの若いプロ野球選手たちに、「グラウンドには銭が落ちている」といってもピンとこないかもしれない。この言葉は、私が現役時代に仕えた南海ホークスの監督、鶴岡一人《つるおかかずと》さんがいった言葉である。その言葉の後に続くのは、「その銭はファンからもらっていることを忘れるな」だったり、「人が二倍練習していたら三倍やれ。三倍していたら四倍やれ」だったりする。

ところがいまの選手たちのなかには、入団時に契約金として一億円をもらうような選手もいる。そこまでいかなくても、同年代の初任給の一〇倍も二〇倍ものお金をもらってスタートするわけだから、「ハングリーになれ」というほうが無理なのかもしれない。

プロ野球の世界に限らず、いま日本の社会全体から「ハングリー精神」という言葉が急速に消えつつあるように思う。格差社会の到来で、貧富の差が再び激しくなりつつあると

いわれているが、それでも外国の多くの国に比べたら、日本はまだまだ恵まれている。よほどの贅沢を望まない限り、あるいは仕事の種類に拘泥《こうでい》しなければ、そこそこ安定した生活が得られるのではないだろうか。

自分のことを話したところで、いまの世の中の人たちに何か役に立つものがあるかどうかわからないが、**私が今日まで生きてくることができた原動力というのは、文字通り、ハングリー精神にあったと思う。その〝根っこ〟にあったのは、劣等感**である。すべてそこから出発している。劣等感のはじまりは、幼くして父親を戦争で亡くしていることである。父親の面影というものをまったく知らない。いまでいうところの母子家庭だが、当時の母子家庭は、世間の目という点でも、福祉政策という面でも、いまよりももっと劣悪な状況に置かれていたと思う。しかも、私が育ったのは、いまでこそ京丹後《きょうたんご》市と名前を変えたが、当時は京都府竹野郡網野町という日本海に面した田舎町だった。母子家庭に対する目というものは、都会に比べて数段、厳しいものがあった。

しかも、その母親が病気がちな人だった。子宮がんと直腸がんを患《わずら》い、満足に働ける体ではなかったが、それでも身を粉にして働いていた。私には兄がいるが、その兄と二人、アイスキャンディー売り、新聞配達、近所の農家の手伝いや子守など、子どもができるアルバイトは何でもやった。そうやって、戦中戦後を貧乏のどん底ですごしたのである。

10

ハングリー精神

努力を続けられた原動力はハングリー精神以外の何ものでもない

貧しい境遇は、私の性格にも災《わざわ》いしたのだろう。いまだに私は処世術というものと縁がない。お世辞のひとつも、おべんちゃらのひとこともいえないような性格である。人に対して無愛想であり、とっつきにくいと、よくいわれる。それはすべて、「世間には自分の居場所がない」という劣等感のなせる業である。

その劣等感が、「とにかく金持ちになりたい」という強烈な思いを育んだ。お金に対する執着は中学時代からのもので、どんな仕事をしたら金持ちになれるか、子ども心にそればかりを考えていた。

その手始めが歌手だった。ちょうど、美空《みそら》ひばりさんが電撃的にデビューしたころで、金を稼げるのは歌手だと思い、歌手を目指して高校でコーラス部に入った。しかし、私は音域が狭く、高音が出ない。音楽部の同級生に、「いっぺん声をつぶしたら高音部が出る」

とデタラメなことをいわれ、学校からの帰り道、海へ行って浜辺で大声を出したがムダだった。

次に目指したのは、映画俳優だった。当時は、いまと比べものにならないほど映画がブームで、私は映画館へもぐり込んでは、主役の人の演技と台詞を覚えて帰り、鏡の前でよくマネをしていた。

時代劇では阪東妻三郎《ばんどうつまさぶろう》、嵐寛寿郎《あらしかんじゅうろう》、片岡千恵蔵《かたおかちえぞう》、現代劇では上原謙《うえはらけん》、佐田啓二《さだけいじ》、若原雅夫《わかはらまさお》らがスターだった。しかし、私の顔で映画俳優になれるはずもなく、その夢もすぐにあきらめた。

そして、最後にたどりついたのがプロ野球選手だったのだが、テスト生として入団した私には契約金などなく、八〇〇〇円の月給がスタートだった。

そこから、**私はグラウンドに落ちた銭を拾うべく、努力を重ね、なんとか三年目に芽を出すことができた。**

その原動力となったのは、いい服を着て、おいしいものを食べ、好きなところで遊びたいという、ハングリー精神以外の何ものでもなかった。

11 欲

「欲」は人を動かすと同時に、人を惑わせ、冷静さを失わせる

「大欲は無欲に似たり」という言葉がある。おもしろいのは、その解釈が二通りあることだ。

ひとつは、大きな欲を抱いている人は、小さな欲などに目もくれないから、一見すると無欲に見えるというもの。

もうひとつは、欲が深すぎる人は、それに惑わされて損をすることになり、無欲と同じような結果に終わるというものである。

どちらも当たっているのだろうが、前者は人間として理想的ではあるが、高潔な宗教者でもない限り、そういう心境になることはなかなか難しい。後者のほうが、日常的に経験することが多いと思われる。

欲というものは、それほど人の目を狂わせるものである。

長い野球人生のなかでも、欲によって失敗したことは何度もある。

たとえば、バッティングの基本はピッチャーのボールをよく見て、バットの芯でボールをとらえることである。たったそれだけのことだが、そこにホームランを打ちたい、ヒットを打ちたいという欲が芽生えた途端、ほんの一瞬だが、ボールから目が離れたり、スイングが大きくなったりする。すると、ボールの上っ面を叩いて凡ゴロになったり、下を叩いてポップフライになったりする。

欲を断つために、人は座禅を組んだり、写経をしたりする。そうして欲を捨てようとするのだが、そう簡単にできることではない。

食欲、睡眠欲、性欲を持ち出すまでもなく、そもそも**人間は欲の塊《かたまり》としてできている。欲を持つことそれ自体は悪いことではない**だろう。むしろ、欲がなかったら、人は動かない。

しかし、同時に、**欲は人を惑わせ、コントロールや冷静さを失わせる原因となることも肝に銘じておかなくてはならない。**

12

無心

「欲」から離れて無心になったとき、人は最高の力を発揮できる

あれは、たしか一九六九年のことだったと思う。南海ホークスを長年にわたって率いた鶴岡一人監督が退き、この年、かつて南海の黄金時代と呼ばれた時期に四番バッターだった飯田徳治《いいだとくじ》さんが監督に就任した。ところが、主力選手に故障が相次ぎ、戦後初の最下位に終わった。その責任を取り、飯田さんは一年で監督を辞めることになった。その故障者の一人が、守りの要《かなめ》であるキャッチャーで、しかも四番を打っていた私だった。

その年の四月の開幕と同時に、私は近鉄バファローズ戦で鎖骨を折る大ケガをした。その原因が、ちょっとした欲からくる行動であり、その欲ゆえに冷静さを失ったことだった。

何回だったか忘れてしまったが、近鉄の攻撃で、ツーアウト、ランナー二塁の場面だった。ランナーはキャッチャーの岩木康郎《いわきやすろう》という選手で、レフト前にヒットが飛んだ。それほど足が速いわけでもなく、サードコーチも止めているのにかかわらず、彼は強引にホー

ムに突っ込んできた。咄嗟《とっさ》に、「こいつは俺に体当たりして、つぶそうとしている」と直感した。

このとき、自分の中で、「来るなら来い。反対にぶっつぶしてやる」と、妙な欲のようなものが出た。冷静に体当たりをかわし、タッチすればよかったのだが、ヒジを岩本選手のミゾオチに思いっきり叩き込んでやれと思ってしまったのである。

岩本選手へのヒジの叩き込みは成功したのだが、ベンチに戻ると、どうも肩のあたりの様子がおかしい。肩を回すと、ガリガリという音が聞こえた。すぐにトレーナーに診てもらったが、鎖骨が折れているという。当たる角度によって、鎖骨は折れやすいものだということを知っていれば、防げるケガだった。それよりも何よりも、突っ込んできた相手を「叩きのめそう」などと思わず、冷静になっていれば、そもそもケガをすることはなかった。

その代償は高くついた。結局、三か月ほど休まざるをえなくなり、連続試合出場、連続オールスター出場、連続ホームラン王、連続打点王、連続ベストナインなど、「連続」と名のつく記録がすべて途絶えてしまった。おまけに、チームは断トツの最下位に沈んだ。バカなことをやってしまったと悔やんだが、後の祭りである。

ユニフォームを着ているときは、私も勝ちたい、打ちたいという欲の塊《かたまり》だった。

欲は、人を目的や目標に向かうモチベーションとなるが、時に欲は、冷静さを失わせる

諸刃《もろは》の剣《つるぎ》となる。

一方で、**欲から離れて無心になったときに、人は最高のプレーや演技を発揮できること**があるのもまた事実である。

しかし、オリンピックや大記録の期待がかかった重要な場面であればあるほど、人は欲から離れることができないばかりに、数多くの失敗を重ねる。

「欲」。プロの選手にとって、これほど扱いづらく厄介なものはない。また、**欲がある限り、無心になるのは簡単ではない**のである。

13

プロフェッショナル

戦略も戦術も感じられないプレーや采配はプロではない。児戯である

最近、不思議だと思っていることがある。科学技術にしろ、社会の仕組みにしろ、ものごとは進歩や進化をしているはずなのに、日本のプロ野球だけがそうした進化から取り残されているように感じられて仕方ないのだ。

情報やデータを収集・分析するハードやソフト技術は、私が現役や監督だった時代よりも格段に進歩しているはずである。それに基づいてトレーニングするための機械や道具類も次々と開発されている。それにもかかわらず、日本人選手の記録が伸びていないと感じているのは、私一人だけなのだろうか。

そもそも、いまの日本のプロ野球で、本当にプロフェッショナルといえるような選手が何人いるだろうか。「これぞプロ野球の選手だ！」と拍手喝采をおくりたくなりようなプレーや采配を見かけることが、あまりにも少ない。**漫然と、ただ投げて、打って、走って、守っ**

ているのではないかと思えるようなプレーが多過ぎるのである。

そこには、戦略も戦術も、まるで感じられない。これでは、プロ野球の解説や評論を仕事としている私が、一体どんなプレーを取り上げて、ファンに伝えたらいいのか、はなはだ困惑してしまう。「この一球は……」と、思わず身を乗り出すような場面が、ほとんどないのだ。

「野球はドラマ」といわれてきたが、いまのプロ野球にはドラマも何もない。児戯に等しいもので、見ていてウンザリしてしまう。そういう野球を見せつけられると、プロとしての自覚やプライドがないのではないかと思ってしまう。

プライドを感じられないということでは、メジャーリーグをお払い箱になったような選手に、あまりにも簡単に記録を作られてしまうことも指摘しておきたい。

というのも二〇一三年、王貞治の持つシーズン最多本塁打記録（五五本）を塗り替える六〇本を打ってホームラン王のタイトルに輝いたのは、ヤクルトのバレンティンだったのである。彼はヤクルト入団前、メジャー三年間で一七〇試合ほどしか出場しておらず、ホームランをたった十五本打っただけの選手でしかなかった。それが日本に来た途端、三年連続でホームラン王になり、とうとう王の記録を上回ったのだ（編集部注——日本人選手では、ヤクルトの村上宗隆《むらかみむねたか》が二〇二二年に五六本を記録）。

バレンティンをおとしめる気持ちはさらさらないが、日本の選手、さらには監督やコーチにはプライドはないのだろうか。言葉は悪いが、メジャーで鳴かず飛ばずの選手に、いとも簡単に記録を塗り替えられてしまって、ふがいないとは思わないのだろうか。

私ごとになってしまうが、私の現役時代、阪急ブレーブス（現、オリックスバファローズ）にスペンサーという選手がいた。日本のプロ野球のプライドにかけても、彼にだけは打たせてなるものかという思いが、私にはつねにあった。

14

プライド

プライドは状況に応じてコントロールしてこそ意味や価値を持つ

「プライド」というものは、これほど付き合うのが難しいものはないと思う。自己を奮《ふる》い立たせるのもプライドなら、躓《つまず》きの石となるのもプライドであり、それは「欲」と同様に扱い方を間違えると諸刃の剣となるだろう。

沽券《こけん》やメンツも、プライドと同類の言葉である。

自己愛や自尊心といったものがまったくないという人はいないと思うので（ときに、その程度が低下していることはあっても）、プライドがまるでないという人はいないだろう。プライドがあることで、人は自分を律したり、保ったりできるし、あるいは努力やがんばりの源泉ともなる。

しかし、その反面、プライドがあるばかりに、変な意地を張って素直になれないときがある。

せっかく周囲の人間が、その人のことを思って忠告やアドバイスをしているのに、耳を傾けることができない。あるいは、プライドにこだわるあまり、かえって足元をすくわれることがあったりする。

しかし、プライドはコントロールしてこそ意味があるものだと、私は思っている。あるときはプライドによって、意地でも自己を保たなければならないときがあるし、あるときはプライドといわれるものをかなぐり捨ててでも、ガムシャラにやらなくてはいけないときもある。

そうやって、**状況に応じて自分の中でコントロールしてこそ、プライドは意味や価値を持つ**ものなのだ。

プライドとは人間である以上、誰もが持っているものであり、また持っていなくてはならないものである。

しかし、やたらとそれを口にしたり、振りかざしたりするものではない。その程度のプライドは安物である。

本当のプライドとは、あくまで内に秘め、自分でコントロールするものなのである。

15 幸・不幸

幸・不幸は考え方ひとつ。それによって、人生の処し方も変わってくる

「進むときは上を向いて進め。暮らすときは下を向いて暮らせ。過去を思い出して笑え」

誰がいった言葉かわからないが、私の好きな言葉のひとつである。

仕事では高い目標を持って進むことが大切だが、上ばかり見ていると、過信やうぬぼれが生じてくる。

だから、普段の暮らしにおいては地に足をつけ、地道な生き方をしなくてはならない。

そのうえで、**つらいことばかりの人生ではなく、楽しいこともあるのだから、それを思い出せば、いまのつらさも乗り越えることができる**。そんな意味に、私は解釈している。

ようするに、人の幸、不幸は、考え方ひとつだということだ。

お金ひとつとっても、それが何をおいても優先させなくてはいけないものと考えるか、後からついてくるものだと考えるかによって、その人の人生の処《しょ》し方というものが違って

くる。

たしかに若いころは将来のことが心配だから、お金が何より大事ということもあるかもしれない。

とくに、私のようにプロ野球の世界で生きてきた人間にとっては、いつ失業してもおかしくないわけで、失業したらどうやって食べていくかという不安があった。

しかし、いま思えば、最低限の衣食住さえ確保できれば、それで十分、幸せだといえる。こういう考え方ができるのも、子どものころに貧乏な暮らしをした体験があるからだと思う。そのおかげで、我慢と忍耐が自分の特技になったと思っている。

この年になればよくわかるのだが、お金があって、何もしないで遊んで暮らせるとしても、それはさほど楽しいことではない。

貧乏暇なしではないが、忙しいくらいがちょうどいいのだ。だから、何でもいいので、体が動くうちは仕事をしていたほうがいいと思う。

それが大したお金にならないことであっても、仕事があるということは、その人の人生を充実させる。

16

知識欲

私の知識欲の原点は、無知無学の「自覚」にある

年をとっていいことは、それほどあるわけではないが、欲から離れられるということがある。欲から離れるにしたがって、かえってものごとがよく見えてくるようになる。昔から、長老の知恵などと呼ばれているものは、欲のない目で虚心《きょしん》にものごとを見るから、かえって真理をつかむことができるということを表しているのだろう。

目が利くということは、まさに年寄りの特権である。また、いかにも好々爺然《こうこうや》として、幸せそうに暮らしている老人がいるが、それも欲がなくなったから逆に感じることができる幸せなのかもしれない。

欲がなくなるということは、裏を返せば、もう死が近いということでもある。無意識ではあるが、自分の中でお迎えが来ているということをわかっているのだろう。ただ、不思議なものだが、物欲とか、金銭欲とかは衰えていくが、年をとったからといって衰えない

ばかりか、ますます盛んになってくる欲がある。

それは、知識欲である。いろいろなことをもっと知りたい、もっと学びたいという欲求は、いささかも衰えない。それがある限り、さまざまなことを吸収できるし、「ああ、そういうことだったのか」と、新しい発見がある。

それは最近の脳科学でも明らかになりつつあるそうだが、脳の神経細胞は極めて代償性が高く、ひとつの細胞が老化によって衰えても、別の細胞がそれを代償して補ってくれるというのだ。だから、世の中には一〇〇歳くらいになっても、知的活動がまったく衰えない老人がいる。それどころか、記憶と関係が深い海馬と呼ばれる部分の神経細胞を見ると、老人になってから逆に活発に突起の数を増やしていく現象も見られるという。

その知識欲の原点は何かと考えると、私の場合は、無知無学であるという「自覚」である。野球しかやってきていないわけだから、私には世間知らずな面が多々ある。それがわかっているからこそ、知りたいと思うし、学びたいと思う。

経験に勝る財産はないというが、年をとっているということは、それだけいろいろな経験を積んでいるということでもある。その**経験を言葉にして伝えるためにも、やはり知識の泉は涸《か》らしてはならない**と思う。

17 おしゃれ

私の「おしゃれ」の根底にあったのは貧しさゆえの劣等感である

「着道楽」という言葉があるが、若いころからおしゃれには興味があった。いまではその傾向も収まったが、かつては「買いもの依存症候群」ではないかと思われるほど、着るもの、身につけるものにお金を使った。イタリアのブランドものには目がなかったし、腕時計も相当、買い集めた。妻の沙知代と一緒になったとき、私が持っていたのは、トラックの荷台いっぱいの洋服だけだった。

私の買いものの基本は、まず格好いいかどうかで、その次に、それが自分に似合うかどうかである。また、「世界にひとつしかない」、「日本にひとつしか入荷していない」という売り文句に弱かった。

もはや買いもの熱は下がったが、着るものに関して変わらないのは、自分のものは人に触らせずに、自分なりに整理していることである。

たとえば、靴下は色別に分けているし、シャツはコットンやシルクといった素材別に分けている。ジャケットには全部、カバーをかけてある。靴は既製品だが、自分で買いに行く。また、トランクスはオーダメイドだ。これは、おしゃれうんぬんというよりも、私の体形によるところが大きい。ウエストがピッタリだと丈が長くなり過ぎるし、丈を合わせるとウエストが窮屈になってしまう。だからトランクスは、どうしても誂《あつら》えものになってしまう。ちなみに、トランクスは一枚のワイシャツ生地から二着作ることができる。ワイシャツをオーダーするときに、一緒に頼むことが多い。

貧乏な家庭に育ったにしては、というより貧乏な家庭に育ったがゆえ、おしゃれに関しては、子どものころから興味があったと思う。学生服にしても、自分では貧しくて買えないので、よさそうなものを卒業していく先輩から譲り受けて着ていた。

南海にテスト生として入団してからは、スーツを買うお金もなかったため、正装しなければならない場でも、私一人だけ学生服で通していた。これが数年は続いたと思う。恥ずかしかったし、プロ野球の世界に入ってからも「貧しい」という劣等感はつねにつきまとった。センスは別にして、幼いころから人並みのおしゃれができず、「恥ずかしい」「なんで俺だけ」という劣等感があるせいか、格好よく見せたいとか、格好いいものを着たいという欲望は強い。

18

アカ抜ける

地味だけどもアカ抜けた、東京のおしゃれは衝撃的だった

貧乏ゆえの劣等感に端を発しているのは間違いないが、それに加えて自分が生まれたり、若い時分をすごした関西という土地柄も影響していると思うのだが、キンキンキラキラしたものがどうしても好きなのである。

南海入団五年目の一九五八年、立教大学からピッチャーの杉浦忠《すぎうらただし》が入団してきた。そのころ、われわれ関西出身の選手は、ネクタイをすればネクタイピンをするのが当たり前であり、しかもそのネクタイピンは、ダイヤモンドがついたようなキンキラキンのものだった。しかし、彼は、ネクタイピンさえしていない。「ネクタイピンはしないの?」と聞くと、「俺はしない」という。「こういうキンキラキンに興味はないの?」というと、「全然、興味がない」ということだった。まったく派手さがなく、地味なのだが、どこかアカ抜けしていた。そのころ長嶋茂雄にも会ったのだが、やはり彼も杉浦同様、ネクタイピンをして

いないし、腕時計も普通の革ベルトの地味なものを身につけていた。彼らを見ていると、逆に自分がみじめになってきた。それまでの私は、キンキラキンの腕時計をし、「どやっ！」といわんばかりに、わざわざ腕をまくって見せつけていたのだが、そうしたことが恥ずかしくなってきたのである。

杉浦や長嶋の装いに驚いたのと同時に、やはり関西の金持ちと東京の金持ちは全然、違うということにも気づいた。東京の人たちは、大金持ちにかかわらず、それを直接には見せようとしない。ところが関西では、大金持ちの人はもちろんだが、たいした金持ちではない人でも、お金持ちに見せたがるのだ。

東京に遠征に来るたび、空き時間には銀座あたりをブラブラしたのだが、見るからにそれとわかるようなキンキラした貴金属などを身につけている人はいない。しかし、大阪の北新地あたりに行くと、ダイヤモンドやゴールドは当たり前といった感じで、道行く人がキンキラキンの恰好で歩いている。この違いは何だと思い、愕然《がくぜん》としたことがあった。

貧乏な家庭出身、さらに関西育ちという二重の劣等感が、私のおしゃれの根底には否定しがたくある。

キンキラキンを見せびらかすことがおしゃれだと思っていた私には、東京の地味だけどもアカ抜けたおしゃれは衝撃的だった。

19

健康

仕事をこなすことで、頭も神経も体も使う。仕事＝健康管理である

私には、若いときにイヤになるほど体を動かした蓄積がある。それがあるからこそ、八〇歳近くなって、いまさら無理に体を動かすようなことをしなくてもいいのではないかと思っている。

よく健康のためといって、毎日、ウォーキングをしている人がいるが、それを楽しみにしているのなら何も問題はない。

ところが、それが義務となった場合、どうなのだろうか。

雨が降ったり、雪が降ったり、風の強い寒い日など、きょうは悪条件だからやめようと考えられればいいが、義務である以上、歩かない日があると、何か悪いことをしたような気分になる。

健康のための日課がかえって、精神的なストレスになることもあるだろう。それでは逆

に、健康を害すると思う。

私は、四か月に一度、安心料だと思って健康診断に通っている。どこも悪いところはない。

それもこれも、仕事を続けていることが最大の健康法になっているからだと思っている。私にはスポーツ新聞での野球評論や、テレビでの解説者やコメンテーターとしての仕事があるほか、こうした本のための取材やインタビューがあったり、講演会に招かれたりする。そういう仕事をこなしていると、いやでも体を動かすことになる。

体だけではなく、そのたびに神経も頭も使うわけで、それが自然と健康管理になっているように思う。

そう考えると、幸せな人生だと思う。幸福感などというのは、考え方ひとつ。おかげさまで、もう野球をできない野球人なのに、野球に関する仕事が入る。監督をやめてから長くたつのに、いまだに「監督」と呼ばれることがある。

声をかけていただける以上、働き続ける。それが私の唯一の健康法である。

20

長生き

何もしないこと。カメ理論こそ、野村流長生きの最大要因

元プロ野球選手は一般の人よりも長生きだという人もいれば、短命だという人もいる。若いころに激しい運動をし過ぎた人は、短命だという医者もいる。あるいは選手経験者は長生きだが、監督経験者は短命だという人もいる。おそらく、野球選手の平均寿命に関する正確な調査というものはなされていないだろうから、一部のデータだけで決めつけるのは問題がある。そもそも、選手を引退した後にどんな生活を送るかによっても、寿命は大きく違ってくるだろう。

私の個人的な感想だが、世間の一般の人々よりも、野球選手は短命ではないかと思っている。たとえば現役時代のほぼ同じ時期に、ほぼ同年齢だった選手が、二〇一〇年前後に相次いで鬼籍《きせき》に入っている。稲尾和久《いなおかずひさ》（二〇〇七年、享年七〇歳）、江藤慎一《えとうしんいち》（二〇〇八年、享年七〇歳）、山内一弘《やまうちかずひろ》（二〇〇九年、享年七六歳）、大沢啓二《おおさわけいじ》（二〇一〇年、享年七八歳）、

榎本喜八《えのもときはち》（二〇一二年、享年七五歳）、尾崎行雄《おざきゆきお》（二〇一三年、享年六八歳）など、いずれもプロ野球で活躍した人ばかりだが、いまの日本人男性の平均寿命よりも短い年齢で死亡している。

私自身も、もうすぐ八〇歳になろうとしているいま、あと何年生きられるかわからないが、死はそれほど遠い先のことではないと思っている。

やはりこの年になると、ときどき死について考えることがある。苦しみたくない、楽に逝きたいというのは、誰もが共通して考えることだろうが、どんな死に方がいいのか、想像することがある。

いつまでたっても起きてこないので、家族のものがあきれて起こしにいったら、寝室で亡くなっていたというのが一番いいように思う。

そういう死に方をするには、それなりに健康でなくてはならないのだろうが、格別、体のためになるようなことは何もやっていない。「健康のために、何かやっていますか？」と、よく聞かれるのだが、何もしていないので答えようがない。

そもそも私は、寿命を決める最大の要因は遺伝子ではないかと思っている。私の父方は、戦死した父親を除いて、その兄弟姉妹が四人いたが、全員が九〇代まで生きた。祖父、祖母とも、一〇〇歳以上まで生きている。

四五歳で引退声明を出したときに、みんなの前で宣言したのは、金輪際《こんりんざい》、体を鍛えたり、酷使するようなことはしないということだった。「それでは体によくないでしょう」という人がいたが、そのときに私がいったのは、「長生きしている動物を見てみろ」ということだった。長命な動物として知られているものにカメや二枚貝などがあるが、そうした生きものは、基本的にジッと動かないでいる。それに従えば、**何もしないことが長生きの最大要因ではないか**ということになる。私はこれを「カメ理論」と自ら名付けている。

第二章

「成長」に通ず

21 感性

感じる力があれば必ず伸びる。感じる力のもとは夢や感謝の心である

人間は決して一人だけでは生きていけない以上、人生の基本となるのは「感謝」である。人に対する感謝はもちろんだが、社会や自然に対する感謝、さらに宗教を持つ、持たないにかかわらず、この世を動かしている大いなる摂理に対する感謝など、われわれが感謝しなくてはならないものはたくさんある。

感謝する気持ちがあるからこそ、人には感じる力が養われる。感じる力が備わってくると、考える力も並行して鍛えられる。感じる力と考える力は一体のものだと、私は思っている。

感じることができなければ、考えることもできない。考える力がないということは、感じる力、すなわち感性が欠如しているということである。

感性が欠如した人間を「鈍感」と呼ぶ。

「人間にとって最大の悪、それは鈍感である」と、私はつねづねいっている。

一流といわれる選手や、チームの中心となるような選手は、大体において、感じる力を持っている（なかにはそうでない選手もいるが）。それが如実に現れるのが、修正能力である。

一流選手であればあるほど、同じような失敗は繰り返さない。

三度も、四度も同じ過ちや失敗を繰り返すのは、失敗を失敗として感じる感性がなかったり、その失敗の原因を究明するための考える力がないからである。

だから、鈍感な選手ほど、ひとたび調子が悪くなると、なかなかそれを立て直すことができない。

監督をやっていて一番困るのは、この鈍感な選手である。

なぜ、そうなのだろうかと考えると、結局、夢がないというか、目標がないというか、「将来、俺はこういう選手になりたい」とか、「これだけの成績を残したい」というものがないのである。

鈍感な選手は、ただ、なんとなくグラウンドに来て、なんとなく野球をやって帰る。その繰り返しである。

22 変化

社会の変化に対応できるか否かが、紙一重の勝負を分ける

世間では、「一年の計は元旦にあり」というが、プロ野球選手にとっては、「一年の計はキャンプにあり」である。二月一日に始まるキャンプこそが、プロ野球選手にとってのその年の本当のスタートとなる。選手たちは何でも吸収してやろうと、純粋な気持ちでキャンプに臨《のぞ》む。それだけに、二月は監督にとっても最も張り切る時期である。そう認識しているので、選手を前にした最初のミーティングなどで、私はよく次のようなことを話した。

「俺は体格もいいほうではなかったし、野球の技術に見るべきものがあったわけでもない。テスト生としてなんとか入団して、まさか一軍のレギュラーとなり、ホームラン王や三冠王を取れるような選手になれるとは思わなかった。では、なぜ、そうなれたのか。それは感じる力があったからだ。いい選手を見て、何を感じるか。ただ漠然とうらやましいと思うことと、どうしたら自分もああいう選手になれるのかと考えることでは、天と地ほ

どの開きがある。俺を見習えとはいわないが、せめて見本ぐらいにはしろ」

　そういう話をした後で、「人間は、なぜ生まれてくるのか。何をするために生まれてくるのか?」という質問をよく若い選手に投げかけた。そこで若い選手たちがほとんど異口同音に口にするのは、「考えたことがありません」という答えだった。それに対して私は、「では、いま考えろ。俺はつねづね、人間は世のため、人のために生まれてくるのだと思っている。それが根底にあって、人間社会が成り立っていくものだと思っている。一度、考えれば十分だから、そういうこともたまには考えてみろ」と話した。

　感じる力を持っている人は、絶対に伸びる。感じるということは、ちょっとした変化や移ろいに気づくということなのだから。

　この社会は、日々、変化していく。変化の連続である。その変化をいかにして捉え、その変化に対応していくことができるかが、紙一重のところで勝負を分ける要因となる。あるいは、その人間の成長につながっていく。変化に対応できないものは、残念ながら滅びるしかない。それは、生物の進化を見ていてもわかる。弱肉強食というが、強いものが生き延びたのではない。変化する環境に適応できたものだけが生き残ることができたのだ。

　そのためには自分自身で感じる力を養わなくてはいけない。その感じる力のもとになるのが、夢や希望や目的であり、感謝の心なのである。

23

人間的成長

人は仕事を通して人間的に成長していかなければならない

私は南海ホークスを皮切りに、ヤクルトスワローズ、阪神タイガース、楽天イーグルスと、プロ野球の四球団で監督をやらせていただいた。複数球団で監督を務めた人は決して少なくないが、私を上回るのは五球団で監督を務めた藤本定義《ふじもとさだよし》さんだけである。

どこのチームで監督をするにしろ、私が三〇歳を超えた選手たちに対してとくにいってきたのは、「引退後のことを考えてプレーしろ」だった。

なぜなら、三〇歳を超えればプロ野球選手としてだけでなく、社会人として評価されるようになるからだ。手抜きのようなプレーをしたり、いい加減な態度をとったりしていると、その人物に対する評価ができあがってしまい、それが引退後にもつきまとってしまう。それは、現役生活よりもかなり長く続くその後の人生にとって、大変なマイナス要因となってしまう。だから、プロ野球選手は、引退後の人生を視野に入れて現役生活を送る必要があるのだ。これは、プロ野球選手に限ったことではない。**平均寿命が延びたこともあり、いまは定年で第一線を退いた後にも長い時間が待っている。そのときに、あの人はいい加減な仕事しかしてこなかった人物という評価を下されてしまうと、その後の人生が生きにくくなる**のではないだろうか。

　そうしたことを意識するようになったきっかけのひとつは、二〇一三年に九三歳で亡くなられた川上哲治《かわかみてつはる》さんの指導法に共感できるところがあったからである。いうまでもないことだが、川上さんといえば、読売ジャイアンツを九年連続日本一に導いた大監督である。川上さんは、選手たちの「人間教育」に力を注いだ監督として知られている。私は以前、同じキャッチャーとしてジャイアンツで活躍していた森祇晶《もりまさあき》に、川上さんが監督として選手に何を話しているのか、それとなく聞いたことがある。

　森から返ってきた答えは、「野球のことは、ほとんど話さない」というものだった。むしろ、社会人としての心構えとか、人間としての生きる道などについての話が多いという。その根本には、**プロ野球選手である前に、まず一人の人間や社会人として立派な人物でなければいけないという信念があった**はずだ。川上さんは「プロ野球を引退して、どんな社会に行ったとしても、さすがは元ジャイアンツの選手だといわれるような人間になってもらいたかった」という趣旨のことを以前どこかで話されていたと思う。

24

意識

意識が変わることで、その人の人格や運命、人生まで変わっていく

人間教育と呼べるほどのものではないが、私も監督時代、キャンプのミーティングなどでは、野球の技術論だけでなく、「人としていかに生きるべきか」という私が経験を通して学んできたことをそれとなく選手たちに話すようにした。

はたして、それがどれほどの効果があったかわからないが、そのときの言葉をいまでも覚えているという選手や、いまになってやっと監督のいいたかったことがわかったといってくれる元選手がいる。選手たちに話したことの中で、次の言葉がある。

心が変われば態度が変わる。
態度が変われば行動が変わる。
行動が変われば習慣が変わる。
習慣が変われば人格が変わる。

人格が変われば運命が変わる。運命が変われば人生が変わる

これは、ヒンズー教の教えの中にある言葉だというが、まさにその通りだと思う。この教えは、野球にもピタリと当てはまる。

意識が変わることで、野球観や野球に取り組む姿勢が変わり、プレーの質はもちろん、その人の人格や運命や人生まで変わっていくのである。その人生には、プロ野球選手を引退したあとの人生も含まれる。

人間的な成長がなければ、技術的な進歩もない。野球に対する意識や取り組み方を変えることで、人間的に成長したと思われる選手ほど、ベテランになるにつれてすばらしいプレーヤーになっていくし、そんな選手ほど、現役引退後も監督やコーチとしていい仕事をしていることが多い。

人間的な成長がなければ、一時的にもてはやされることはあっても、長く評価してはもらえない。

これでは、現役引退後の人生が寂しくなるばかりである。

25

天性

天性に恵まれていないことを嘆いても仕方がない

エースと四番は、育てることができない。

これは、プロ野球の世界で長く監督をやらせていただいた私が実感していることのひとつである。

私は、他球団で見切りをつけられた選手をふたたび蘇《よみがえ》らせ、復活させることから、「野村再生工場」という称号をいただいた。それは、せっかく才能を見込まれ、また自身が生きる道としてプロ野球の世界を仕事の場として選んだ選手に対し、少しでも長く現役生活を続けてほしいという思いが根底にあってのことである。いちいち名前は挙げないが、そうして復活を果たし、再び脚光を浴びた選手や、それまで他球団では鳴かず飛ばずだった選手が開花した例はいくつかある。

そんな私でも、チームの屋台骨《やたいぼね》となるようなエースピッチャーや、大黒柱としてチームを引っ張っていくような四番バッターは育てられないのだ。

それというのも、時速一五〇キロを超えるようなスピードボールをビュンビュンと投げ込むことができるピッチャーや、外野スタンドに軽々とボールを打ち込むことができるバッターの才能は、ほとんどが天性のものだからである。つまり、教えてどうなるものではない。

もし、そのチームに、そういう才能を持った選手がいない場合は、外国を含むほかの球団から連れてくるか、ドラフトで獲得する以外にない。

たしかに天性や天分というものを否定することはできない。それがあるに越したことはないのだが、すべてのプロ野球選手が、そうした天性や天分に恵まれているわけではない。天はそれほど気前よくはない。

これは**一般社会でも当てはまることだが、職場や学校で天才的な才能を発揮する人など、ごく一握り**なのだ。

天性や天分に恵まれていないことを嘆いたところで、どうにもならない。そこからどうするかが、人間としての問題なのである。

26 凡人

足りない才能を補うには、努力と頭を使うことである

天性や天分に恵まれなかった人間、つまり凡人はどうすればいいのか。

ひとつには、足りない才能を補うために、地道に練習という努力を積み重ねるしかない。

私は契約金などないテスト生としてプロ野球の世界に入ったが、入ってみて、「とんでもないところにきてしまった」と思わざるをえなかった。まわりには、才能のかたまりのような人ばかりいたからである。こんな世界で、はたして自分は生きていけるのだろうかと不安になった。その不安を打ち消すためにも、練習するしかなかった。選手寮の仲間が夜の町に繰り出すときにも、私は寮の庭でひたすらバットを振った。「おーい、野村。素振りをして打てるようになるなら、みんなやってるさ。所詮は、才能だよ。才能のある奴にはかなわない。一緒に飲みに行こう」と誘われても、頑《かたく》なに素振りを続けた。練習量ということでは、誰にも負けないという自負を持てるまでになった。入団から三年目になん

とか一軍でレギュラーの座をつかむことができたときは、その努力が報われたと思った。
努力と並んで、天才でないものが成功するための大切なもうひとつの要素は、頭を使うことである。

私は入団四年目にホームラン王になったが、その翌年、極度のスランプに陥った。突然、打てなくなったのだ。その理由は、はっきりしていた。カーブが打てなかったのだ。私の弱点を知った相手チームのピッチャーは、徹底してカーブで攻めてきた。天才的なバッターなら、ストレートを待っていて、変化球がきてもとっさに対応できる。天才でない私には、それができない。しかし、そんな私でも、はじめからカーブがくるとわかっていれば、なんとか対応することができる。そこで私が活路を見出したのは、データを分析することだった。私は、スコアラーにお願いし、その日の試合で私に投じられたボールの球種とコースをすべて記録してもらい、試合後、宿舎に帰ってから、その分析に没頭した。それによって、私に対するピッチャーの投球パターンをある程度、把握できるようになった。それをもとに、変化球を投げてくるタイミングを高い確率で予測できるようになったのだ。

これで復調した私は、一九六一年から八年連続で本塁打王を獲得し、六五年には戦後初となる三冠王にも輝くことができた。**凡人が天才たちに伍《ご》してやっていくには、地道に努力することと、頭を使ってやるしかない**のである。

27

努力

努力には即効性はないが、決して人を裏切らない

「言うは易し、行うは難し」とは、よくいったものである。その典型が、努力と呼ばれるものかもしれない。もっと努力しましょう、努力すればなんとかなる、努力に勝る天才なし……など、いとも簡単に、人は努力という言葉を使う。しかし、本当の努力というものは、そう簡単なことではない。

まず、努力は地道なものである。小さなことを単純にコツコツと積み上げるしかない。それが、やがて大きな成果につながるということが頭ではわかっていても、それを継続させることは、並大抵の意志ではかなわない。

たとえば、一日、三〇分歩けば、ダイエットに効果があるとわかっていても、それを毎日続けることは相当難しい。天気が悪い、見たいテレビ番組がある、用事があるなど、何かと理由をつけて、ついサボってしまう。そもそも、ただ歩くという行為が、それほどお

もしろいものではない。

野球でいうなら、バッターの素振りやピッチャーのシャドーピッチングなどがそれにあたるだろう。黙々とバットを振る、あるいはピッチングフォームを繰り返す。実際にボールが飛んでくるわけではないし、対戦するバッターがいるわけでもない。にもかかわらず、バットを振り続け、フォームを繰り返すためには、強靭《きょうじん》な意志が必要である。

しかも、その努力が、すぐに結果に結びつくわけではない。否、むしろ、努力が効果を発揮するには、それなりに長い時間が必要である。すぐに結果が出てくるようなものは、もともとたいした問題ではないし、一時の見せかけであることが多い。そこにも地道な努力を継続することの難しさがある。

しかし、その努力はムダにはならない。たしかに努力には即効性はないが、それはいつか報われる。

しかも、目指した方向でなくても、思わぬ形で報われることもある。**あのときの努力が、こんな形で報われるとは思わなかったというようなことが人生では起こり得る。つまり、努力はその人を裏切らない**のだ。

28

練習

練習は、本番や実践を意識したものでなくては、意味がない

努力は正しい方向にしてこそ意味のあるものだといえる。方向が正しくなければ効果が出てこないし、かえって悪い結果につながってしまう。そうなれば、ますます続かなくなる。たとえば、素振りが大事だといっても、やみくもにバットを振っているだけではなんにもならない。ただ回数をこなすだけでは意味がない。そこには、一振りごとにテーマや目的がなくてはならない。

私は素振りをする際に、バットの振幅《しんぷく》音に細心の注意を払った。バットを振るときに力の配分が正しいと、「ブンッ」という小気味いい音がする。始めから終わりまで力を入れていたのでは、そういう音は出ない。バットがボールに当たる瞬間に最大限の力が発揮されるのが理想的であり、そのためには、始めから力を入れていたのではダメである。だから、素振りでは、いかに力を抜いておいて、インパクトの瞬間に力を集中させるか、その

コツを体得することに主眼を置いた。それができているときに、バットは「ブンッ」というい音を出すのである。これは言葉を換えれば、**実戦を意識したトレーニングができるかということになる**。正しい方向に努力するという場合の「正しさ」にもいろいろあるが、そのひとつが、実戦を踏まえ、本番を意識したものかどうかということである。

ただ数をこなすだけのトレーニングは、いわば練習のための練習である。それでは本当の実力は身につかないし、本番でもまったく役に立たない。あくまでも**大事なことは、本番で十二分に力を発揮するための努力**なのだから、それがたとえ**練習であっても、本番や実戦を想定したものでなくては意味がない**。たくさん努力(練習)したのに、本番やここぞというシーンで実力が発揮できないと悩んでいる人が、ビジネスマンや学生でもたくさんいると思う。そんなときに、本当に自分は努力したのかと根本に立ち返ることはもちろんだが、せっかくの努力をムダにしないためにも、正しい方向、つまり本番や実戦を想定した努力をしたのかどうか振り返ってみてはどうだろうか。

歌舞伎の往年の名優の言葉に、「稽古は舞台のつもり、舞台は稽古のつもり」という言葉があったが、まさにその通りで、**練習では本番を意識すれば、漫然と数をこなすようなことにはならないし、本番では練習のつもりでやれば、過度の緊張をすることなく実力を発揮することができる**。

29

一芸

自分の持っている長所を最大限に生かし、それで勝負する

不器用に徹するということは、それによって「一芸に秀《ひい》でる」ということである。**自分の持っている特技や長所を最大限に生かし、それで勝負すること**ともいえよう。たとえば足の速さなどは、その典型である。

ヤクルトの監督時代、飯田哲也《いいだてつや》という選手がいた。監督就任一年目のキャンプで、やたらと足が速い選手がいることに驚いた。それが飯田だった。聞くとキャッチャーをやっているというが、小柄な体は、どう見てもキャッチャー向きではない。しかし、肩は強い。この足の速さと肩の強さを生かさない手はない。

私はすぐに彼をセンターにコンバートしたが、その後の活躍はプロ野球ファンならご存じだと思う。七年連続でゴールデングラブ賞を受賞するなど、彼は球界を代表するセンターに育った。

飯田の足で成功した私は、その後、阪神タイガースの監督時代にも赤星憲広《あかほしのりひろ》や藤本敦《ふじもとあつ》士《し》、楽天イーグルスでは内村賢介《うちむらけんすけ》、聖澤諒《ひじりさわりょう》などの快足選手を登用した。彼らの足なら、内野ゴロでもヒットになる可能性があるし、彼らが塁に出ただけで、相手チームは相当、神経をすり減らすことになるからである。

足の速さに限らず、送りバントがうまい、選球眼がいい、左ピッチャーに強い、守備がうまいなども立派な一芸である。

一芸に秀でるというのは、野球の世界に限ったことではない。

どこの世界であれ、**何でもソツなくこなすような器用貧乏や平均点人間になるより、自分にしかない光るものを身につけ、それを磨くべき**である。そうすれば、活躍の場は自ずと見つかる。

即戦力といえる技量をひとつでも持っていれば、チャンスは与えられる。プロを目指す者はまず、即戦力といえる技量をひとつでも持っていること。そのうえで、感性、感じる力を研ぎ澄ませること。

これは就職や転職などで悩む若者にも共通するアドバイスかもしれない。

30 不器用

不器用に徹することで活躍の場は見つかる。最後は不器用が勝つ

「器用貧乏」という言葉がある。何をやらせても、そこそこというか、人並み以上にできてしまう。ところが、突出した結果を残せるかというと、そうではない。いわば、「帯に短し、たすきに長し」の人だといえよう。器用それ自体は悪いことではないが、人はとかく器用にやろうとして、基本をおろそかにしたり、努力を怠ったりする。それが、かえって悪い結果を招くこともある。

「巧詐《こうさ》は拙誠《せっせい》に如《し》かず」という言葉を聞いたことがあるだろうか。中国の戦国時代の思想書として知られる『韓非子《かんぴし》』に見える言葉で、「巧みにいつわることは、つたなくても誠実であることに及ばない」という意味だそうである。私は、この言葉を「最後は不器用なほうが勝つ」と理解している。

それは私自身の経験からくるものでもあるが、**私は自分のことを不器用だと思い、不器**

用を克服するために野球の研究や分析を続け、さまざまな工夫を凝らしてきた。そこから野球に関する私なりの哲学や思想といったものを確立することができたと思っている。選手のときはもちろん、監督として指揮を執《と》ることができたのも、そのおかげであることは間違いない。

かつてヤクルトスワローズの監督をしていたとき、広島カープから小早川毅彦《こばやかわたけひこ》という野手が移籍してきた。巨人の江川卓《えがわすぐる》投手を引退に追い込むホームランを打ったことでも知られているが、高校野球の名門、PL学園で甲子園に出場し、法政大学では一年生から四番を任された逸材である。広島に入団後も、初年度からクリーンアップに座り、新人王を獲得した。しかし、ヤクルトに移籍する二年ほど前から若手の台頭や自身の力の衰えもあり、控えに甘んじていた。

彼を見ていて思ったのは、天性に頼るだけの器用な選手の打ち方をしているということだった。いつもストレートのタイミングでボールを待っていて、それで変化球にも対応しようとしている。若いときはそれでいいかもしれないが、体力や反射神経が衰えてくると、それでは対応できなくなる。

「不器用に徹してみたらどうだ。自分が不器用だと思ったら、ピッチャーの配球を読むなり、狙い球を絞るなり、少しは研究や工夫をするようになるだろう」

私は、小早川にそういった。その言葉によって、彼は変わった。

移籍したての一九九七年、巨人との開幕戦で私は小早川を五番に据えたが、それまで開幕戦三年連続完封勝利を挙げていた巨人のエース、斎藤雅樹《さいとうまさき》から、三打席連続ホームランを放った。この年、彼の活躍もあり、ヤクルトはセリーグを制覇し、日本一にも輝いた。

彼は不器用に徹することで、終わりかけていた自身の野球人生を延ばすことができたのである。

31

勇気

変わる勇気を持った者だけが生き残っていける

変わることの大切さを痛感した例は枚挙にいとまがないが、記憶に強く残っているのは、南海ホークスでの現役時代に一六年間、バッテリーを組んだ皆川睦雄《みながわむつお》投手である。皆川は、私と同じ年に南海に入団した、まさに苦楽をともにした盟友《めいゆう》である。彼は一九五六年から八年連続で二ケタ勝利をあげ、杉浦忠に次ぐエースとして南海を支えていた。その彼が、すでに通算一七〇勝をあげていた一九六七年秋、「どうすれば、これから先も長く投手を続けていけるかな？」と、深刻な面持ちで私に相談してきた。

そのとき、彼は自らの限界を感じていたに違いない。たしかに彼は、左バッターに弱いという弱点を抱えていた。このままでは、早晩、投手寿命が尽きてしまう。そこで私は、彼の得意球である左打者にとっては外に逃げていくシュートやシンカーを生かすためにも、内角に少しだけ曲がるスライダー（いまでいうところのカットボール）を習得することを提案した。内角へのスライダーがあるというだけで、左打者は思い切って踏み込んでいけないのである。

その秋から翌春のキャンプにかけて、皆川と私は小さなスライダーをマスターしようと必死で練習した。そして迎えた、三月のオープン戦。その成果を試す絶好の機会が訪れた。相手は巨人の王貞治である。初球に外角へのボールを投げさせたあと、私は二球目に練習した小さなスライダーを要求した。内角へのホームランボールと思ってスイングした王のバットから、「グシャッ」という鈍い音が聞こえ、ドン詰まりのセカンドフライとなった。

そのときの「してやったり」といわんばかりの皆川の喜ぶ顔を、いまだに忘れることができない。この年、皆川は習得した小さなスライダーで、それまで不得意としていた左バッターを面白いように料理していった。その結果、三一勝をあげるとともに、防御率一・六一で、投手部門の二冠に輝いた。実は、この年の彼以来、日本のプロ野球でシーズン三〇勝をあげた投手は一人もいない。彼は、「最後の三〇勝投手」として、記録に残り続けているのである。

一七〇勝投手といえば、功なり名を遂げた選手といってもいい。あとは引退までの数年を、その余禄で食べていくこともできただろう。しかし、彼は、そこで満足しなかった。一日でも長く投手生活を続けるために、思い切って新しいボールを習得することを自らに課した。それによって、彼はそれまでの自分を変えようとしたのだ。

変わる勇気を持った者だけが、プロの世界では生きていける。結局、皆川は一八年間、プロ野球の世界で投手を続け、通算二二一勝をあげることができた。二〇〇五年に鬼籍に入った皆川だが、六年後の二〇一一年に「野球殿堂」入りが決まった。

「俺がここまで活躍できたのは、ノムさんのおかげだよ」

皆川は生前、よくそういってくれたが、それは、彼に変わる勇気があったからである。

現状に満足せず、さらなる高みを求めて、変化する勇気を持つ者だけが進化し続けるのだ。

32 恐怖心

これまで通りのことを続けていては進歩も発展もない

成功体験のある人、栄光の記憶を持つ人ほど、なかなか自分を変えることができない。人に限らず、企業や組織でも、それは当てはまる。世の中が明らかに変わりつつあるのに、昔ながらの考え方や行動様式に縛られ、時代に即した態勢にあらためることができない。

その根本にあるのは、**いままでそれで成功してきたのだから、下手に変えたら、かえって失敗してしまうのではないかという恐怖心**である。

プロ野球の世界でも、自分のプレースタイルを変えることを恐れる選手が多い。長距離打者としてならした選手が、シングルヒットを積み重ねるようなアベレージヒッターに転向したり、ストレートで真っ向勝負するようなピッチャーが、変化球で打者を打ち取る技巧派タイプに転身することは、なかなか難しい。

その理由は、簡単明瞭である。いままで、ずっとそれでやってきて、そこそこの成績を収めてきたからである。変えたら自分がダメになってしまうのではないか、その恐怖心から変えることができない。

しかし、これまで通りのことを続けていたのでは進歩も発展もない、窮地《きゅうち》を脱することもできないというときがある。

そんなときは、自分を変えるしかない。

もし、伸び悩んでいたり、壁にぶつかっている人がいたら、私はこういいたい。

「変わる勇気を持て」

一方で、**恐怖心があったからこそ、それを梃子《てこ》にして前に進めるケースもある。**

私の場合には、田舎育ちで何の実績もない高校生にしては多少遠くへ飛ばすことができる天性があり、それをプロレベルに伸ばすために、バットを毎日振りまくった。それだけでは試合に使ってもらえないから、肩を何とか平均点まで鍛えた。試合に使ってもらい、研究されるようになってからは、配球や読みを学んだ。「どうすれば試合に出られるのか」「どうすればもう一度打てるようになるのか」。このままでは終わってしまうという恐怖心がつねにあり、それが私を前進させた。

33 短所

短所をほうっておくと、長所を食いつぶすことになる

教育の場面にしろ、スポーツの場面にしろ、「長所を伸ばす」という言葉が、やたらとよく聞かれる。もちろん、長所を伸ばすことは悪いことではない。どんどん伸ばしてほしいものだが、この言葉の裏に、「苦手なことはやらなくてもいい」、「得意なことだけをやればいい」という考えがあるのではないだろうか。

長所については、とやかくいう必要がない。ほうっておけばいいのだ。わざわざ伸ばそうなどと思わなくても、自然に伸びていく。それが本来の長所である。しかし、短所のほうは、そうはいかない。短所は、意識して矯正《きょうせい》や修正しようとしない限り、一生、直らないままで終わってしまう。自分が長所とすること、得意なことだけをやっていると、短所や不得意な面をどこかに置き去りにしていくことになるのである。

そればかりか、短所がある限り、ここぞという大事な場面でそれが顔を出し、その人の

足を引っ張ることになる。そうなると、せっかくの長所も十二分に発揮できないままに終わってしまうことになりかねない。短所が長所を食いつぶしてしまうのだ。

私は長いプロ野球人生の中で、そのことを身をもって知った。私は当初、カーブが打てなかった。それを知った相手投手は、ここぞというときにカーブを投げてきた。当然である。バッターボックスに立っても、カーブを打てないということばかり頭にあるので、せっかく得意な球がきても打ち損じてしまう。ストレートにめっぽう強いという長所も、カーブが打てないという短所があるばかりに、宝の持ち腐れになってしまう。そのことに気づいた私は、短所を克服すべく、徹底的に研究を重ねた。おかげで、カーブに対する苦手意識をなくすことができ、コンスタントに打率を稼げるようになったし、ホームランも増えていった。

短所や弱点を矯正したり、克服することが、自分の持っている長所や強みを生かすことにもつながる。これは個人でも、組織でも同じことではないだろうか。短所や弱点をそのままにしておいたのでは、低いレベルのまま終わってしまうし、自らの命運をかけたような大きな事業に挑戦することができない。**高みに達しよう、大きなことを成し遂げようと思ったら、短所や弱点に対して目をつぶっているわけにはいかない**のである。

34

理想と現実

理想と現実の間のギャップは、努力によって埋めることができる

目の前に何らかの問題が発生し、それにぶち当たってもなかなか打開できないというときは、えてして自分の短所が関係していることが多い。そういうときに、それは苦手だからやらない、自分の得意分野ではないからやる必要がないと、それが得意な誰かに任せてしまって、そこから逃げてしまうほうが効率的な面もあるかもしれない。

しかし、そのときはそうやって回避できても、いつかは再びその手の問題にぶつかることになる。

人間は、つい楽をしようとする。意識するとしないにかかわらず、人間は自分が一番かわいいものだから、怠《なま》けようと思ったら、いくらでも怠けることができる。あえて厳しい道を選ばなくても、どこかで抜け道を探し、安易に生きようと思えば生きられる。しかし、楽をし過ぎたら成長はない。

「若いときの苦労は買ってでもせよ」という言葉がある。あるいは、「艱難汝《かんなんなんじ》を玉《たま》にす」という言葉もある。ようするに、厳しさを受け入れる生き方を選んだほうが、人間的に成長できるということだ。

「人の一生は重荷を負うて遠き道を行くがごとし」

これは私が大好きな徳川家康の『東照神君《とうしょうしんくん》御《ご》遺訓《ゆいくん》』の一節だが、ここでいわれている「重荷」とは、突き詰めて考えれば、「人生において自分の思うようにならないこと」だと思う。**そもそも、自分の人生において思うようになることなど、そうあることではない**。どんなに自分がやるべきことをやっていたとしても、脇から思いもよらない邪魔が入ることなど、当たり前にあるのである。

理想と現実の間にはつねにギャップがあるが、だからこそ努力によって、そのギャップを埋めることに価値が生まれる。

重荷があるからこそ、人は努力することができる。短所や弱点、苦手とすることや不得意とすることから逃げてはいけないのである。

35 しがみつく

しがみつく生き方はかっこ悪いことではない。むしろ強さである

私は、一九五四年にテスト生として南海ホークスに入団した。テスト生といっても若い人にはピンとこないかもしれないが、一九六五年に新人のドラフト制度がスタートする以前は、有望選手の獲得は球団間の自由競争であり、選手は意中の球団と契約を結んでいた。しかし、それ以外の選手は球団が独自に開催する入団テストに合格したものというケースが多かった。

当時、テスト生といえば、選手扱いされないのが普通だった。一般の練習の中に加えてももらえない。キャッチャーのテスト生として入団した私は、朝から晩までブルペンでピッチャーの投げる球を受けるだけだった。

あまりにひどいと思った私は、二軍の先輩に、「われわれテスト生は選手扱いされていませんが、なぜですか?」とたずねたことがあった。それに対する先輩の答えは、「いま

ごろ気づいたのか」というものだった。

「では、本当のことをいってやるが、テスト生で一軍に上がったものは一人もいない。ほとんどは三年でクビだ。だいたいお前、三百数十名のテスト生から七人が合格して、そのうちの四人がキャッチャーというのはおかしいと思わなかったか。あのテストはな、ブルペンキャッチャーを採用するためのテストなんだ。だからお前らは補強ではなく、ただの補充、人数合わせなんだ」

その言葉にショックを受けた。しかし、そういわれてみると思い当たることがあった。テストのときに、京都で野球の強豪校として知られていた高校のキャッチャーが何人か参加していたのだが、なぜか彼らは不合格だった。

いまでも覚えているが、合格した四人は、私が京都府竹野郡《たけのぐん》、さらに熊本県下益城郡《しもましきぐん》、和歌山県日高郡《ひだかぐん》、大阪府南河内郡《みなみかわちぐん》と、全員が郡部の出身者だった。結局、ブルペンキャッチャーという仕事は夢も希望もないから、都市部の子どもよりも、何も知らない田舎の子どもがいいということでの採用だった。

「プロに入れば、お金を稼げる」という夢は見事に打ち砕かれた。しかし、私はそこであきらめられなかった。**才能に恵まれない自分が、やっとの思いで入団できたこと、それに加えて田舎の母のことを思うと、あきらめたくてもあきらめられなかった**のである。

もし、私がもう少し裕福な家庭に生まれ育っていたら、球団にしがみつくこともなかったし、夢も希望もないブルペンキャッチャーから早々に降りていたかもしれない。

しがみつく生き方は、今の若い人たちの目にはかっこ悪く映るかもしれない。しかし、**しがみついたからこそ、得られる道もある**ことを、私は身をもって知っている。

しがみつくのは、たしかにみじめである。しかし、そのみじめさを乗りきる強さがないと、すぐに振り落とされる。自分が納得できるまでしがみつくことは、むしろ人間の強さであると、私は思う。

36

あきらめない

簡単にあきらめていては、新しい自分には一生出会えない

私は入団一年後、いったんクビを宣告された。それは、来年はなんとか頑張るぞと思いながら、二年目の契約に行ったときのことだった。球団の契約担当から、「来年から練習で苦しまないで済むぞ」と、いきなりいわれてしまったのだ。「どういうことですか?」とたずねる私に、「クビだよ」のひとこと。思わず、「納得できません」という言葉が口をついて出た。試合はおろか、練習にもまともに参加させてもらえないままでクビになるなど、納得できるわけがなかった。それに対して、担当者はこういった。

「素質があるかないかくらい、われわれプロの眼から見ればすぐわかる。お前はプロでは通用しない。まだ、十九歳になったばかりだ。あと二年も、三年もいてクビになったのではかえってかわいそうだから、早いほうがいいと思って……」

そういわれたからといって、受け入れるわけにはいかない。

「どうしても、クビですか?」

「決まったことだから、仕方がない」

「もしここでクビになるようなら、もう生きてはいけませんから、南海電車に飛び込んで死にます」

「バカなことをいうものじゃない」

こちらの真剣な思いが伝わったのかどうか、担当者は「ちょっと待っとれ」といって、部屋を出ていった。

一人取り残された私は、気が気でなかった。いまさら、どこかの会社の入社試験を受けたところで受かるわけがない。ここにしがみつくしかない。お先真っ暗という気分でうなだれていたら、担当者が戻ってきた。

「よーし、わかった。もう一年、面倒をみてやる」

それによって、なんとか私は救われた。

あのとき簡単にあきらめていたら、いまの私はなかった。**あきらめずに食い下がったからこそ、その後、自分でも知らない自分の新しい可能性や、思いもしなかった人生の可能性が花開いていった**ように感じる。

あきらめが役に立つのは、新しいことを始めるときだけといわれるが、新しくやり直すことなど考えられなかった私は、とにかく粘るしかなかった。

二〇一三年に戦力外となったり、現役を引退したプロ野球選手の平均在籍年数は、九・九年となっている。さまざまな事情があるのだろうが、あまりに短いという気がする。そのなかには、もうひと踏ん張りすればなんとかなったものを、簡単にあきらめてしまった人も多く含まれているだろう。もったいない話である。

37

ゴールライン

ゴールがどこにあるか、誰にもわからない。生きてる限り、ゴールはない

伸び悩んでいる選手、あるいは才能を十分に開花させることなくプロ野球の世界を去っていった選手は、ケガもその要因のひとつだが、精神的に共通したものが見られる。それは、「限定」と「満足」と「妥協」である。自分の力はこんなもの、これ以上はできないと、勝手に自分で自分の力を限定している。

そこには、やれることはやったという安易な満足がある。その安易な満足が、**この程度で十分、自分はそこそこやれているという妥協を生み、もはやそれ以上の努力をしなくなる。それが選手が伸び悩む大きな原因のひとつ**である。

これはプロ野球界に限らず、あらゆる仕事の世界においていえることではないだろうか。限定、満足、妥協によって成長が止まり、進歩がなくなる。ひとことでいえば、プロ意識の欠如《けつじょ》である。

そうした選手は、往々にしてドラフト上位で入団してきていることが多い。おそらく彼らは、少年時代から野球が上手な子どもとして、周囲の人々から期待とともにもてはやされてきたに違いない。自分自身でも、「将来はプロ野球選手になる」という夢を追いかけてきたのだろう。

しかし、憧れのプロ野球の世界に入ったということで満足してしまっている。そこが野球選手としての到達点であり、終着駅のようなものと勘違いしている。そうではないのだ。プロの世界に入ったということは、やっとスタートラインに立って、レースに参加する資格を与えられたということにすぎない。これからが本格的に野球に取り組んでいくときなのである。

ゴールラインなど、まだまだ先なのだ。しかも、そのゴールラインがどこにあるかなど、誰にもわからない。仮にプロ野球の世界で成功を収めたからといって、選手を引退した後にも人生は続いていく。そこで失敗をしてしまったら、その成功さえ、ムダになってしまうこともある。

生きていく限り、おそらくゴールはない。

38 妥協

いまやっとスタートラインに立ったという自覚を持て

プロの世界に入っただけで、満足してしまう若い選手は大勢いる。それは会社や企業に入社した人にも当てはまることだろう。**世間的に名前を知られた会社や、一流といわれる企業に入ったからといって、そこがゴールであっていいはずはない。やっとスタートラインにつくことができたという自覚を持って、仕事に全身全霊を捧げなくてはならない。**

プロ野球選手にしろ、新人社員にしろ、スカウトや人事担当者がその素質や才能を見極めて契約しているのだから、素質はあるはずだ。ところが、球団や会社に入った途端、夢を達成したとばかりに、限定、満足、妥協に走ってしまう。そうなってしまうと、それ以上の成長は望めない。「達成感に浸《ひた》っている場合ではない。いまやっとスタートラインに立ったのだという自覚を持て」と、私は何度も若い選手たちに話をした。

そのうえで、プロである以上は、その道の専門家を目指さなくてはいけない。私はシダックスという社会人チームの監督をやった経験もあるが、彼らはプロ野球選手のことを野球の百科事典だと思って見ている。野球に関しては何でも知っていると思い、こちらが考えたこともないような質問をしてくる。そういうときのためにも、プロ野球選手は、まず野球の専門家でなくてはならない。

そうなるためには、限定、満足、妥協などしていられない。当然、それなりの自己管理が必要となってくる。プロ野球選手でいえば、日々のコンディションづくりということになる。酒や夜遊びにかまけて、コンディションづくりを怠ったばかりに、選手生命を縮めた選手のなんと多いことか。一般のビジネスマンでも、そうした人はかなりいるのではないだろうか。

かつて、私が現役選手として通算ホームラン数を五〇〇本か六〇〇本に伸ばしたころ、銀座のクラブで王貞治とばったり出くわしたことがあった。一緒に飲んだのだが、九時半ごろになると私のところへ来て、「ノムさん、悪いけど、お先に失礼します」という。まだ時間が早いからと引き止める私に、「荒川さんを待たせている」といって帰っていった。コーチである荒川博《あらかわひろし》さんのもとで、これから素振りをするのだとわかった。その後ろ姿を見送りながら、「俺はこいつに抜かれる」と思った。そうした日々の努力、コンディションづくりが、最終的に大きな差となって表れるのだ。

39

失敗

入念な準備を行い、小さな失敗こそ厳しくチェックする

野球は失敗のスポーツである。三割打者というのは、すなわち七割は打ち損じている打者ということになる。失敗がつきものである以上、どれだけその失敗を減らせるかが、勝敗を分ける大きなポイントとなる。言い方を変えれば、より少なく失敗したほうが勝ちということになる。

では、どうすれば失敗する確率を減らせるか。考えられうるさまざまな状況や選択肢を想定し、それに対して入念な準備を行うしか方法がない。だから私は、選手たちに口が酸っぱくなるほど、準備の大切さを説いてきた。その意味では、私が目指す野球とは「準備野球」だといってもよい。

二〇〇四年にイチローがメジャーリーグの記録となるシーズン最多安打（二六二本）を達成したあとのインタビューで、「頂点に立つということは、小さなことの積み重ねだ」

と答えていたことを記憶している。

私の好きな言葉に、「小事が大事を生む」というものがあるが、**人間はいきなり大きな事業をなすことができない。どんな大事業や偉業でも、小さなことをコツコツ積み重ねたからこそ達成できる**といえよう。

イチローの言葉は、そのことをよく表している。

あるいは、「アリの一穴」という言葉をご存じの方も多いと思うが、どんなに堅固に築いた堤でも、アリが掘って開けた小さな穴が原因となって崩壊することがある。**小さなこと、些細なことをおろそかにしていると、あとでとんでもない目に遭う**のだ。

私はそうした言葉を自分の野球のモットーにしてきた。それは、小さな失敗ほど厳しくチェックするということでもある。人はおかしなもので、小さな失敗は大したことではないと思って見逃すことが多い。しかし、大きな失敗は、結局、小さな失敗の積み重ねの結果、生じるのだ。小さな失敗は大勢に影響がないと思うのは、一種の固定観念であり、先入観ともいえる。それが人をあやまらせる原因となる。

私が繰り返して、「固定観念は罪、先入観は悪」と口にしてきたのも、そうしたことがあるからである。

40

臆病

夢や希望を持っていれば、臆病や小心を乗り越えていける

野球はダイナミックなスポーツのように見えるかもしれないが、そのプレーのひとつひとつを見れば、実に小さなことの積み重ねである。それを確実にこなすことができてはじめて、勝利という果実を手に入れることができる。小さなミスをそのままにしておくと、本当に大事な場面で、それが取り返しのつかない大きなミスを犯してしまうことにつながる。野球に限らず、これはどんな仕事にもいえることではないだろうか。小さなミスや失敗ほど、なぜそうなったのか、しっかりと検討すべきだ。

なかには、失敗を恐れるあまり、はじめから何もしないという人もいる。しかし、そういう人には進歩も成長もない。**失敗という結果を恐れてはいけない。人間は機械ではないのだから、失敗して当たり前**なのだ。一〇〇パーセントうまくいくことなどありえない。**失敗したことが問題なのではない。大切なのは、その失敗を反省し、次に同じ失敗を繰**

り返さないようにすることである。それが、その人間を成長させる糧になる。

「失敗と書いて、『せいちょう』と読む」と、私はつねづねいってきた。なぜなら、失敗することで、人は深くものを考えるようになるし、準備やプロセスの大切さを知るからである。それによって、失敗を成長につなげることができるのだ。

失敗したくないから何もしないというのは、「臆病」や「小心」ということだろう。引っ込み思案で、消極的で、はじめから逃げているといってしまえばそれまでだが、なぜ、そうなるのか考えてみれば、結局、そういう人には夢や自己実現したいという願望がないからだと思う。

こうなりたい、ああなりたい、あるいは出世したいでも、お金持ちになりたいでもいいが、そういった夢や願望がなければ、人は臆病になったり、小心になったりするのではないだろうか。

夢や願望を持っていれば、臆病や小心を乗り越えていけるはずである。

監督をしているときに、若い選手に、「おまえ、将来はどうなりたいんだ」と、前触れもなくよく質問した。そのときに、即答できないような選手は、やはり伸びていかない。

そういうことを普段から考えていないということは、夢や願望がないということだし、問題意識もないということである。そこには、その人間を成長へと導く芽がないのだ。

こうなりたいという強い夢や願望があれば、仮に失敗したとしても、そこから立ち直ることができる。成功している人を見て、どうしたら自分もああいうふうになれるのだろうと観察するようになる。その結果、自分に欠けているのは何かという問題意識が芽生えるし、ものごとに対する感性も高まる。

失敗を恐れてはいけない。失敗なきところに成功もないのだ。

第三章

「仕事」に通ず

41

観る

本質をとらえるには「観る」目が必要である

私はヤクルトの監督時代に古田敦也《ふるたあつや》を厳しく指導した。私が徹底して彼にいったことは、キャッチャーとしてのリードであり、配球術だった。そのために、ピッチャーに要求するボールの一球一球に根拠を持つことの大切さを説いた。「俺のそばから離れるな」。そう言って、試合で守備についているとき以外はつねに自分のそばに座らせ、彼を質問攻めにした。「なぜ、あそこでカーブを要求した?」「なぜストレートで勝負したんだ?」と、その根拠を説明させた。「なんとなく」と答えたときには、容赦なく叱った。

結局、私が彼に教えようとしたことは、ものの見方である。根拠のあるリードをするためには、状況を見抜く目が必要なのだ。

私は、ものを「みる」のに、ふたつの「みる」があると思っている。

ひとつは、「見る」であり、もうひとつは「観る」である。この違いは、剣豪として知られた宮本武蔵の『五輪書《ごりんのしょ》』に教えられたことである。その「水之巻」に、次のような言葉があった。

「目の付けようは、大きに広く付くるなり。観見《かんけん》の二つあり、観《かん》の目強く、見《けん》の目弱く、遠き所を近く見、近き所を遠く見ること、兵法《へいほう》の専《せん》なり……」

これが、いわゆる「観見二眼《かんけんにがん》」と呼ばれるもので、敵に対する目の付け方をいったものだが、双方を使いこなしてはじめて敵が見えるということである。

後世の人によって解釈はさまざまだが、「観」は心で見ること、「見」は目で見ることだといえようか。そのうえで、武蔵は心で見ることを重要視しているが、**「観る」には状況を判断するために意識してものを見るという深さがあり、一方の「見る」は表面的**だともいえる。野球は勝負ごとであり、そこで勝利するための鉄則のひとつが、相手のスキや弱点を突くことであるのはいうまでもない。そのスキや弱点を探し出すためには、やはり「観る」目が必要になる。

意識してものを「観る」という観点で、みなさんにぜひ見てもらいたいのが、野球における走塁である。選手の走塁を見ているだけで、そのチームの方針、監督の考え方、野球に対する選手の取り組み方、つまりは本質がわかってくる。当然、スキや弱点も見えてくるから、攻略法も見つかりやすい。

42 本質

表面的な現象だけを見ても、ものごとの本質には迫れない

あるとき、こんな走塁でいいのかと、試合を見ていて愕然としてしまったことがある。巨人の試合である。主力打者の阿部慎之助《あべしんのすけ》がシングルヒットを打って、塁に出た。ランナーとして、当然、一塁ベースを離れて何歩かリードしなくてはならないのだが、そのリードが、たった一歩でベースに戻れるような距離なのである。

相手は、その程度のリードだから、まさか走ってくることはないと思っている。その証拠に、ファーストが一塁ベースから少し離れて守備をしている。阿部は足の速い選手ではない。どちらかといえば、プロ野球では鈍足の部類に入るだろう。だからといって、あのリードでは相手が守りやすくなるばかりである。

盗塁をしなくてもいいが、もう少しリードするべきなのだ。それによって、相手ピッチャーは送りバントか、ヒットエンドランかと警戒をして、バッターに集中できなくなる。内野

にゴロが飛んだとしても、リードしたところから走り出せば、ボテボテのゴロならセカンドでセーフになる可能性があるし、仮にフォースアウトだったとしても、ギリギリのタイミングであれば、セカンドやショートが次のプレーに入るのを遅らせることができる。そうすれば、ダブルプレーになる確率を少しは減らすことができる。そうしたことが本来のチームプレーといえるものである。

一見しただけでは、アウトがひとつ増えただけに見えるかもしれないが、それはチームにとって意味のあるアウトなのである。そこを観る目を選手全員が身につけたら、そのチームは相当強いチームになれる。

そのために、塁に出たランナーは、ピッチャーからの牽制でアウトにならない程度まで精一杯リードするのが基本中の基本である。阿部のリードを見て、どうして一塁コーチは、「おい、もうちょっとリードしろ」といわないのだろうか。そのためにコーチャーズボックスに立っているのではないのだろうか。

そもそも、足が遅いから盗塁できないということはない。ノーマークだからこそ、走ろうと思えば走れるのである。

私も現役時代は鈍足のほうだったが、二六年間で一一七盗塁を記録している。そのなかには、二塁から三塁への三盗が多く含まれている。私が走らないと思って、セカンドもショートも二塁ベースから離れて守っているうえ、ピッチャーもバッターにばかり意識が向かっている。まさにノーマークである。私は、そのスキをついて盗塁を決めた。私が走らないと相手が思っていることは、観る目を持っていさえすれば、わかることである。それによって相手のスキを突いたり、弱点を攻めることができる。

ビジネスの世界でも、「観見二眼」は十分に通用すると思われる。目に見える表面的な現象だけを追いかけていたのでは、ものごとの本質に迫ることはできない。

状況を観抜くための眼を持つことで、時代の流れをキャッチできるのではないだろうか。

43

チャンス

チャンスは、それをつかむ準備が整っている者だけが手にできる

自分がプロ野球の世界で活躍できるようになるなどとは、夢にも思っていなかった。貧しい家庭で育った私は新聞配達のアルバイトをしていたが、たまたま配っていたスポーツ新聞の片隅に「南海ホークス新人募集」という広告を見つけ、その入団テストを受けにいった。そのときでさえ、自分が合格するとは一〇〇パーセント思っていなかった。しかし、なぜか私は合格した。

運がよかったとしかいいようがない。プロの世界で頭角を現すことができたのも、やはり運によるところが大きい。入団一年目に九試合に出場し、一一打数無安打に終わった私は、二年目を二軍で過ごした。その年、南海はリーグ優勝を果たした。そのご褒美をかねて、一九五六年春のキャンプはハワイで行われることになった。二軍からもキャッチャーを一人連れていくということだったが、当時、二軍には私よりも年上のキャッチャーが二

人いた。当然、そのうちのどちらかが行くのだろうと思っていたが、なぜか二軍の監督は私を推薦してくれた。二軍で打率二位の成績を残したことを評価してくれたのかもしれない。

その当時は、海外旅行など、まだ珍しい時代である。飛行機もプロペラ機で、途中、ウェーク島という島で燃料補給をしてからホノルルに入るという時代だった。日本人の経営するホテルが宿舎になっていたが、夜になると、みんながホノルルの街に繰り出していく。残っているのは、マネージャーと私だけである。用具係などという気のきいたスタッフがいるような時代ではなく、翌日の練習に備え、ボールを拭いたり、用具を準備したり、マネージャーの手伝いをさせられた。とはいえ、そんな準備もすぐに終わる。あとはやることがない。仕方がないので、宿舎で一人、素振りを繰り返した。

キャンプの一環として、ハワイのチームと練習試合をすることになった。メンバー発表の段階で、レギュラーキャッチャーの松井さんが、「肩が痛い」ということで出場を拒否。通常であれば、控えキャッチャーの小辻英雄《こつじひでお》さんが出場するのだが、試合直前にベンチ前で鶴岡一人監督に怒鳴られている。どうやら、前夜、夜の街で飲み過ぎたらしい。「もうええ。野村、おまえ行け」と、鶴岡監督がなかばやけくそで私を起用してくれた。それが、私にとっては千載一遇《せんざいいちぐう》のチャンスとなった。正直にいって、ハワイの野球チームのレベルは低く、二軍を相手に戦っているようなものだった。そのためかどうか、コン、コンと打つことができた。ハワイキャンプを終え、羽田に着いて、鶴岡監督の記者会見があった。次の日のスポーツ新聞を全紙、買って読んだところ、「ハワイキャンプは大失敗。選手が観光気分に浸って、キャンプどころではなかった。しかし、そのなかでたった一つだけ収穫があった。それは野村に使える目処がついたこと」という、監督のコメントが載っていた。そのひとことが、自分にとってはプロでやっていけるのではないかという自信になった。

松井さんの故障により、控えキャッチャーの小辻さんも私も、急なチャンスを与えられた。しかし、小辻さんはそのチャンスをものにすることができず、私はこれをきっかけに鶴岡監督から評価を得ることができた。この差は何か。

試合に出場する準備ができていたか否か、ただそれだけである。プロ野球選手にとって、「試合に出る」ということは、ごく当たり前のことである。**私は、当たり前のことをする準備ができていた。たったそれだけのことが、後の人生を拓《ひら》いた**のである。

44 運

幸運を呼び込めるかどうかは本人次第である

そのまま三月の国内でのオープン戦にも起用され、そこそこの結果を残すことができた。それでも、さすがに公式戦は松井先輩がマスクをかぶるだろうと思っていたら、私が開幕戦の先発マスクを任された。

私には緊張する時間が続いた。このチャンスを潰したら、また二軍に落とされると、相当なプレッシャーになった。それが原因となって開幕からヒットが出なかったが、忘れもしない一九五六年四月九日、藤井寺球場での近鉄バファローズとの第三戦、八回に代打に立った私は、それまで二軍戦でしょっちゅう顔を合わせていた辻中貞年《つじなかさだとし》という投手からセンター前にヒットを打つことができた。それが、入団から三年目、三一打席目でのプロ初安打となった。

仔細《しさい》に眺めれば、**運、不運には、必ずといっていいほど、それなりの理由や過程がある**

ものである。その意味で、運も実力のうちだし、自ら努力してつかまえるものだともいえる。自分は運が悪いと嘆いたり、今回は運がなかったと済ませてしまう人が多いが、それでは幸運をつかむことができない。

野球に、ポテン・ヒットと呼ばれるヒットがある。フラフラと力なく上がった打球が内野手の頭を越え、外野手の手前でポトリと落ちるヒットのことである。多くの人は、それを見てラッキーなヒットだと思うかもしれないが、本当は違う。こういうふうに打球がいいところに飛んだり、転がったりするのは、きちんとした打撃フォームで打っているからであって、たまたまバットの芯から少し外れたところに当たっただけである。しかもきちんと振り切っているからこそ、よい結果になるのであり、悪いフォームで打っていては、ポテン・ヒットにもならない。

百歩譲って、運がよかったと認めてもいいが、その運を呼び込めるかどうかは本人次第なのである。それができる選手は、ポテン・ヒットを打った後でも、結果オーライで済ませることがない。「本当はストレートを待っていたのに、カーブがきた。なぜ球種を読み間違えたのか?」と、つねに反省し、考える。逆に、運を呼び込めない選手は、「読み間違えたから、しようがない」で、考えずに済ませる。結果だけを皮相的に見れば、運がいい、運が悪いと思うかもしれないが、そこに至るプロセスには雲泥《うんでい》の差があるのだ。

45 イメージ

よいイメージを描ければ、実戦でもよいパフォーマンスにつながる

いままでは、ほとんどのスポーツに「イメージトレーニング」が取り入れられている。自分が実際にプレーしたり、競技する姿を頭の中に描いて、それを何度も反復する。そこでよいイメージを描ければ、現実にもよいパフォーマンスにつながるとされている。

なぜ、イメージトレーニングは効果があるかだが、ある脳生理学者によれば、それは現実に起きたできごとと、現実と見紛《みまが》うばかりに鮮やかにイメージされたものとを脳が区別できないからだという。だから頭の中によいイメージが焼きつけられると、脳は現実の場面においても、そのイメージに合うように指令を出し、その結果、よいパフォーマンスが得られるのだそうだ。**イメージなんか、ただの空想や絵空事にすぎないと思っている人もいるかもしれないが、イメージの持つ力をバカにしてはいけない。**いまやガンの治療などにもイメージ療法が取り入れられているくらいである。ガン細胞に強烈なダメージを与え

て、駆逐するイメージを抱くことで、ガン治療の効果を上げることができるという。

いま、日本のプロ野球選手がどのようにイメージトレーニングを取り入れているのか具体的なことはわからないが、私にいわせれば、**イメージトレーニングとはつまり、実戦を想定したトレーニングということ**になる。素振りひとつとっても、ただ漫然と一〇〇回繰り返したところで、正しいフォームを身につけることはできない(筋肉はつくかもしれないが)。ピッチャーが投げてくるボールの球種や速度、打ち返したい方向、正しいフォーム、インパクトの瞬間などを強くイメージして素振りをすることで、それが実戦、すなわち現実においてよい結果につながるのだ。また、イメージは何らかの「感覚」とともに思い描くようにしたほうが具体的で効果をあげやすい。私は素振りをするときに、「ブンッ」というバットの振幅音が聞こえるかどうか、すなわち聴覚に気を使った。その音が聞こえるときは、正しいフォーム、正しい力の入れ方ができているときなのである。

感覚とは、感じて覚えると書く。覚えるとは、頭にイメージが焼きついたということである。その感覚をつかんだときは、さっそく実戦で試したくなり、早く明日になれと思ったものだ。いったん寝床に入っても、このまま眠ってしまったらその感覚を忘れてしまうのではないかと不安になり、夜中にいきなり起きて、バットを振り始めたこともある。だから、翌日、雨で試合が中止になったときなどは残念で仕方なかった。

46 マネ

よいお手本やモデルをマネることから始めてみよう

効果的にイメージを描けるようになるには、モデルとなるようなよい手本を見つけることも大切である。そして、そのモノマネから入ればいい。

私も自分のバッティングフォームを完成させようと思ったときに、巧みなバットコントロールの持ち主で、「シュート打ちの名人」と呼ばれた山内一弘さんのスイングのマネをした。

「学ぶ」の語源は「真似る」だといわれているように、マネをするのは全然、悪いことではない。

やみくもな自己流よりも、自分の目の前によいお手本や優れたモデルがあれば、それをどんどんマネて、自分のものにすればいいのだ。

イメージトレーニングというのは、スポーツに限られたものではない。いろいろな分野に取り入れることができると思う。たとえば、あなたが職場でヘマばかりやらかしているとする。

どうしたら失敗を防いで、仕事ができる人間になることができるのだろうか。こんなときに、イメージトレーニングを取り入れてみてはどうだろうか。

あなたの近くにいる、仕事ができると評判の鈴木課長や田中部長をマネしてみればいい。あいさつ、電話の応対、取引先との会話など、その一挙手一投足《いっきょしゅいっとうそく》に注目し、それをマネてみる。仕事への取り組み方、企画や発想の仕方など、マネようと思えばマネることができるところはたくさんある。

そして、あたかも自分が鈴木課長や田中部長であるかのようにイメージしながら仕事をしてみるのだ。それを繰り返しているうちに、だんだんとヘマや失敗が減っていくのではないだろうか。

イメージは具体的であればあるほどいいわけで、そのためにはお手本やモデルがあったほうが、より鮮烈なイメージを抱くことができる。

47 仕事

仕事こそが人を人間として鍛え、成長させ、磨いてくれる

次々と新しいカタカナ言葉が登場してくるが、このところ聞かれるようになったのが、「ワークライフバランス」という言葉である。仕事と家庭生活のバランスを上手に取らなくてはいけないということらしいが、私は野球一筋の人生を歩んできた。つまり、仕事オンリーの人間である。家庭のほうは、妻である沙知代に任せっきりだった。

「野村克也引く野球はゼロ」、自他ともにそう認めているほどだから、バランスも何もあったものではない。

時代が変わったのだろう。

かつて、「仕事一筋」というのは褒め言葉であったと思うが、いまはそれだけではダメらしい。

それはさておき、私は、仕事と人生は切っても切り離せないものだと思っている。つまり、仕事と人生は不即不離《ふそくふり》の関係にある。

いい仕事をした人が、いい人生を送れるのであり、いい人生を歩まなければ、いい仕事はできない。人生に対する考え方が確立されていない限り、人はいい仕事ができないのであり、仕事を通じてこそ人間は形成されるともいえる。

人は、どこで人に見られているかわからない。それは考えようによっては、極めて怖いことである。だから、いい加減な仕事はできない。

仕事と人生は直結している。それは単に収入を得るための手段ではない。そうした自覚を持って、毎日、仕事に向き合うべきである。

そもそも、高校なり、大学なりを卒業して社会に出たら、おそらく仕事をしている時間がもっとも長いのではないだろうか。

それは、とりあえず定年で第一線を退くまで続く。その長い時間を充実したものにしようと思ったら、仕事に手を抜いているわけにはいかない。

仕事こそが、人を人間として鍛え、成長させ、磨いてくれるものなのである。

48 苦労

自分の選んだ道で悩み、もがくことは苦労ではない

私はプロ野球選手、あるいは監督という仕事を続けるなかで、何度も壁にぶち当たり、そのたびにもがき苦しんできた。しかし、私はそれを少しも苦労だとは思わなかった。

私にいわせれば、**苦労とは、しなくてもいいことをしなければならないことによって生じる苦しみ**である。私は少年時代、遊んでいる同級生たちを横目に、さまざまなアルバイトをしながら家計を助けなくてはいけなかった。それこそが、私にとっての苦労だった。

それに比べたら、**自分で選んで飛び込んだ野球の世界で悩んだり、もがいたりすることは、少しも苦労ではなかった**。それを苦労などと呼ぶのは、おこがましいという気がする。それが仕事である以上、当然なのである。

さて、仕事と人生が切り離せないものだとしたら、大切なのは時間の使い方である。**時間だけは、誰にも等しく、一日二四時間与えられている。それを、どう有効に使うかが、**

勝負の分かれ目となる。

私は現役選手時代、一日、三試合をキャッチャーとしての自分に課していた。一試合目は、いわばイメージトレーニングである。

本番の試合前のロッカールームで、その日に先発する味方のピッチャーと相手チームのバッターを頭の中で対峙させ、攻略法を考えるのである。二試合目が、本番の試合。そして三試合目は、試合後に家や宿舎に戻ってから、スコアブックを見ながら、その日の試合をもう一度、検討することである。

私が生涯一捕手を貫くことができたのも、あるいはプロの四球団で監督ができたのも、そのときの積み重ねのおかげである。

重要なのは、二四時間の使い方である。本番の試合、あるいは練習を含め、グラウンドでは結局、上手な選手も、下手な選手も、同じようなことをしているにすぎない。ただ、上手な選手は試合に出られるぶん、どんどんうまくなっていく。ところが下手な選手は、ベンチで試合を眺めていることが多く、ごくマレにしか出番が回ってこない。これでは、どんどん差がつくばかりで、下手な選手はいつまでたっても上手な選手を追い越せない。その状況を変えるには、グラウンドを離れた場所、つまり家や部屋に帰ってからの過ごし方がポイントになる。

一般のビジネスマンも同じことだろう。職場にいる間は、結局、同じような仕事をしているのだ。

そのなかで仕事ができる人間になろうと思ったら、職場以外の時間をどう有効に利用するかにかかっている。家に帰ったら、仕事のことはすべて忘れてくつろぐという人もいるかもしれないが、それでは差はつかないし、差は縮まらない。一時間くらい、仕事のことを考えてみてはどうだろうか。

49

駆け引き

駆け引きや心理戦は、勝負の世界の常識である

私の術策のなかでも、特に典型的な例が、一九九五年の日本シリーズである。この年、私はヤクルトを率いて、パリーグ覇者のオリックスブルーウェーブ（現、オリックスバファローズ）と日本シリーズを戦った。結果的には四勝一敗で日本一になることができたのだが、勝因のひとつはオリックスのイチローの打撃を封じたことだった。

その年、イチローは打率三割四分二厘で二年連続首位打者になったほか、打点王、盗塁王、最多安打、最高出塁率と打者五冠王であり、残りのホームラン数でも三位タイという目覚ましい活躍をしていた。その実力通りに日本シリーズで活躍されたら、こちらが勝つことは極めて難しくなる。そこで私は、なんとか彼の攻略法を見つけたいと思い、スコアラーに徹底分析を命じた。

しかし、スコアラーから返ってきた答えに愕然とした。「これといった攻略法は見つか

りません。ある程度、イチローに打たれるのは覚悟してください」というものだった。それでは、負けてしまう。頭を抱えた私は、もはや心理的に揺さぶるしか作戦はないと判断した。

日本シリーズが近づくと、監督のテレビ出演が多くなる。私は、その機会を利用しようと考えた。案の定、NHKから出演依頼があり、日本シリーズのことをいろいろと聞きたいという。

絶対、「イチローの攻略法は見つかりましたか？」という質問をしてくるはずだと思っていたが、予想通りだった。その瞬間、よし来たと思った。

「はい。というか、スコアラーからの報告では、イチローには穴がないということでした。よって攻略法は見つからない、と。どうせ打たれるのなら外角へ逃げて打たれるよりも、正々堂々と内角を攻めることにしました」

この発言を、イチローがどこかで聞いていることを願った。もしくはオリックスのチーム関係者が、野村監督がそんなことをいっていたと進言してくれることを願った。

それは期待通りになった。イチローは明らかに内角を意識していた。しかし、実際には内角はボールにして、外角中心の攻め方をする作戦だった。

それが奏功して、第一戦、第二戦で彼を七打数一安打に封じ込めることができた。結局、そのシリーズでイチローは二割そこそこの打率しか残すことができず、それがヤクルトに勝利をもたらす大きな要因のひとつとなった。

これをアンフェアという人もいるかもしれないが、それは断じて違う。駆け引きや心理戦は、勝負の世界の常識である。そうして全知全能を傾け、しのぎを削ることこそがプロの世界なのだ。

勝ち目がないと、はじめからあきらめてしまうことのほうが、プロとしてはアンフェアなのである。

50

弱者

弱いから勝てないというのは、負けたときの言いわけでしかない

私は、南海ホークス、ヤクルトスワローズ、阪神タイガース、楽天イーグルスの四球団で監督をやらせていただいたが、あらかじめ完成されたチーム、強いといわれているチームを率いたことがない。

ほとんどBクラスが定位置となっているチームや、かつては黄金時代と呼ばれる時期があったものの低迷が続いているチームを任されることが多かった。

楽天などは前年の成績があわや一〇〇敗に手が届くのではないかという負けぶりで（実際は九七敗）、五位チームに二五ゲーム差をつけられるという惨憺《さんたん》たる状態だった。そんなチームの監督を引き受けるなど、誰が見ても、貧乏くじを引くようなものである。

しかし、それでも私は楽天の監督を引き受けた。

弱いチームに縁があるのも自分の宿命ではないかという思いがあったし、そもそも強い

といわれているチームがいつも勝っていたら、おもしろくもなんともないという反骨心があった。

弱いものが強いものを打ち倒すことがあるから、そこにおもしろ味があるし、お客さんも喜んでくれる。弱いから勝てないというのは、はじめから勝負をあきらめているか、負けたときのいいわけでしかない。

ヤクルトの監督時代、強力打線の巨人戦の前、バッテリーミーティングを開いた。白板にスコアラーが巨人のオーダーを書いた。それを見ていたピッチャーの高津《たかつ》臣吾《しんご》が「すごいメンバーだなぁ」とつぶやいた。それに対し、私は言った。「メンバー全体を見たらすごいけど、一人ひとり寸断して見てみろ。それぞれ弱点を持っている。大丈夫だ」。そして、細かくデータを中心に選手たちに具体的に攻略法を伝え、勝利することができた。

真正面からぶつかったのでは、どうしても勝ち目がないというときには、強いものの分析を丹念に行い、その弱点を徹底してつくという弱者なりの戦術や戦略を駆使しなくてはならない。

気力や体力はもちろん、知力の限りを尽くして戦うことで、勝利への活路を切り開かなければならないのである。

51 術策

策を用いるかどうか、その判断には難しいものがある

二七年間にわたるプロ野球のキャッチャー人生の中で、リードをするのが楽だと思ったピッチャーは、杉浦忠ただ一人である。一三年間で一八七勝をあげた杉浦が投げるとき、私は彼の球を受けるだけの壁でよかった。それほど、彼は投手として傑出していた。

一九五九年の日本シリーズでは、巨人を相手に第一戦から第四戦まで四連投し、四連勝の大活躍で南海を日本一に導いた。

杉浦以外のピッチャーは、よくいえば技巧派だが、その実態はごまかしのピッチングである。

手を変え、品を変え、持てる術策を駆使して、私は必死にピッチャーをリードした。

広島カープを三度の日本一に導き、赤ヘル黄金時代を築いた古葉竹識《こばたけし》とは、南海で二年間プレーヤーとして、さらに二年間コーチとして、同じ釜の飯を食ったが、その当時、彼

がベンチに戻ってくると、「うまいこと、ピッチャーに投げさせるもんですねえ」といったのを覚えている。「南海のピッチャーとトレードするときは、一〇勝ピッチャーなら五勝を引いて評価しないと、天秤《てんびん》にかからんな」とつぶやいていた。残りの五勝は、キャッチャーである私のリードのおかげだというのである。

よく使った術策のひとつに、「牽制球の直後のスライダー」というものがあった。ピッチャーが一塁に牽制し、一塁手からボールが返ってきたら、そのままサインを見ずに投球に入り、外角へスライダーを投じるというものである。

なぜ、そのような作戦を使ったかというと、ピッチャーが牽制したスキに、チラリとキャッチャーの構えている位置を見るバッターがいたからだ。

私はそれを逆手にとり、牽制のときにわざとインコースに構えておく。すると、バッターはインコースを攻めてくると勘違いしてしまう。

もちろん、すべての術策がうまくいったというわけではない。なかには、「策士策に溺れる」ではないが、**策を弄《ろう》し過ぎたために、かえって悪い結果を招いたこともたくさんある。**策を用いるかどうか、その判断には難しいものがある。

52 苦肉の策

苦肉の策から生まれたプロ野球のスタンダード

私が考案したもので、のちに日本のプロ野球のスタンダードとなったシステムもある。それが、リリーフ専門のストッパーを置いたことである。

当時のピッチャーは、先発完投が理想とされていた。先発投手が打たれると、代わって出てくるピッチャーは二線級、三線級であり、その試合は負けたも同然だった。しかし、完投できる能力のあるピッチャーは、それほどいるわけではない。八回、九回になると、どうしても疲れが出てしまい、相手打者に打ち込まれて逆転ということが起きる。

そこで、試合の最後を締めくくる専門のピッチャーを置こうと思ったのだ。これも、**投手力に恵まれなかったチームを率いていたがゆえの、苦肉の策**である。その際、ストッパーとして起用したのが、一九六九年にドラフト一位で南海に入団してきた佐藤道郎《さとうみちお》という投手だった。まだセーブ制度というものがない時代だったが、私は彼をいきなりストッパーとして起用した。佐藤には、これといった伝家の宝刀があるわけではなかったが、ピッチングフォームだけは実に豪快だった。実際のボールは一三〇キロ程度だったが、そのフォームだけを見ていると一六〇キロぐらい出そうに見えた。だから、一、二回なら、何とかそれでごまかせるのではないかと踏んだのだ。

これが功を奏して、佐藤は入団一年目にリリーフながら一八勝を挙げ、最優秀防御率と新人王の二冠に輝いた。その後も不動のリリーフとして活躍し、一九七七年に江夏豊《えなつゆたか》がストッパーに転向するまでチームを引っ張った。ストッパーの重要性を世間に認知させたのは江夏だが、その先駆けとなったのは佐藤道郎である。

もうひとつ、私が日本のプロ野球にいち早く導入したのが、ピッチャーのクイックモーションである。ランナーは、チャンスがあればいつでも盗塁しようと狙っている。このとき、ピッチャーの投球モーションが大きければ大きいほど、盗塁がしやすくなる。どんなにキャッチャーの肩がよくても、それだけで足の速いランナーを刺すことはできない。盗塁を阻止するには、ピッチャーとキャッチャーの共同作業が必要となる。そのため、私はピッチャーに素早い投球動作を要求したのだ。このクイックモーションは、一三年連続で盗塁王となった阪急ブレーブスの福本豊《ふくもとゆたか》の盗塁を何とか阻止したいという思いから考案したものである。

53
システム
個人の力が十分に生かしきれないならば、システムを見直すべきだ

二〇〇九年に楽天イーグルスの監督を退いて以降も、解説者や評論家としてプロ野球に関わっているわけだから、私とプロ野球の関係も六〇年になる。その間、日本のプロ野球も変わってきていると思う。

私がプロ野球の世界に飛び込んだ一九五〇年代というのは、戦争から帰ってきた監督やコーチが「気合いだ」、「根性だ」と叱咤《しった》する精神野球の色合いが強かった。それを徐々に変えていく要因のひとつになったのが、アメリカのメジャーリーグからやって来た選手たちだった。

とくに、パリーグには、阪急ブレーブス（現、オリックスバファローズ）で活躍し、「ドクター・ベースボール」とまで呼ばれたダリル・スペンサー、南海で活躍し、私が監督兼任選手だったときにヘッドコーチに就いてもらったドン・リー・ブラッシンゲーム（通称、

ドン・ブレイザー）などがやって来た。彼らが口をそろえていったのは、日本の野球は遅れているということだった。野球は頭のスポーツだということで、それまでの精神野球から、「考える野球（シンキング・ベースボール）」へと大きく変わっていった。

いまや野球の世界においても、情報の収集と活用はもちろんのこと、それらを駆使して考え、戦略を立てるのが当たり前の時代になったが、当時は「データ」という言葉すらなかった。私は、このデータの重要性にいち早く気づき、それを技術の向上はもとより、戦略や戦術に積極的に導入し、考える野球を追求してきた。その集大成となったのが、ヤクルトの監督時代にキャッチフレーズとして掲げた「ＩＤ野球」である。ＩＤとは造語で、Important Data の略、つまりデータ重視の「考える野球」ということである。

これは、プロ野球界だけでなく、ビジネス社会においても同じだろう。「精神論」だけでは、とうに通用しない時代になった。

失敗を繰り返す、いつまでたっても同じ課題を乗り越えられない企業は、これまでの「失敗」という貴重なデータから、なんの戦略も立てられず、精神論だけで乗り切ろうとしているのではないか。ありがちなのが「やり方」と「システム」を混同していることだ。

やり方とは、選手（一般的には社員）が、それぞれのパフォーマンスが高まるよう、実際に動くことである。システムとは、選手（社員）たちが、より動きやすいよう土台の仕組み自体を整えることだ。

監督の中には、ひたすら選手に「お前のやり方が悪いんじゃ」と怒鳴る者もいるが、私にいわせれば、それは「木を見て森を見ず」だ。つまり細かいことに気をとられて、全体がまったく見えていないのだ。

プロの選手たちは「手を抜く」ということは、決してない。それは、現代のビジネスマンでも同じことだろう。仮に、社員のパフォーマンスの質が上がらないのであれば、社員のやり方だけを批判するのではなく、現行のシステムでは最高のパフォーマンスを発揮できないのではないかと、違う角度からも検証すべきなのだ。

失敗から得た貴重なデータを生かし、分析し、それをもとにシステムを変えていかない限り、選手が持つ可能性も十分に開花させることはできない。

54 データ

準備や状況判断に活用できてこそ本当のデータである

なぜ、データを重視するのか。野球には、失敗がつきものだからである。三割バッターといえば一流のバッターといっていいが、それでさえ七割は打ち損じていることになる。言葉を変えれば、野球とは、より失敗を減らしたほうが勝つゲームだということになる。

では、どうすれば失敗を減らすことができるのか。そのためには、考えられうる状況や選択肢を想定し、それに対して入念な準備を行うしかない。その準備のもととなるのが、データである。確かなデータがあってこそ、入念な準備ができる。

プロ野球では、このデータを集め、それを分析するのが、スコアラーと呼ばれるスタッフの仕事である。現在の野球は、彼らが作成したデータによって勝負の明暗が分かれることが少なくない。

そのデータも、ただ膨大な量を集めればいいというわけではないし、詳細過ぎても役に立たないことがある。そうしたデータは、かえって監督や選手を混乱に陥《おとしい》れることになる。

大事なことは、膨大な情報から本当に必要なことをセレクトし、それを具体的に、かつわかりやすい形で提供することである。いわば、使えるデータ、役に立つデータでなくては意味がないのである。

私は戦力的に劣ったチームばかり率いることが多かったため、データを駆使して戦うしか勝ち目がなかった。そのため、スコアラーの育成ということにはとくに力を入れた。ただ情報を集めてこいというだけでは、本当に勝利に生かせるようなデータとはならない。

「現場ではこういう情報を必要としている」、「あれは確認したか」、「この点に関してはどうなっているのか」というふうに、収集する情報に関してスコアラーに具体的に指示を出す必要がある。そこが、監督としてのセンスや力量の見せどころとなる。

さらに、**集めた情報を使えるデータにするためには、それを分析する力が必要である。収集ばかりに集中して、分析することがなければ、その情報をデータとして活用することはできない。活用してこその情報であり、データ**なのである。

私のようなものがいうまでもなく、企業などでも情報やデータの重要性は十分に認識されていると思う。

それがなければ事業の企画立案をすることもできなければ、企業としての戦略や戦術を練ることもできない。

しかし、情報を集めろというと、これでもかといわんばかりに細かい数字を網羅してきたり、的外れなものを集めてくるケースがあるのではないだろうか。それは情報収集を命じる側にも、その収集を行う側にも、情報に対する誤解があるように思える。

必要なのは、状況判断に生かせるような使える情報であり、データなのである。

55

ヤマ

センスがいいからヤマを張ることができる

一九七三年に巨人は前人未到の日本シリーズ九連覇を飾ったが、その年のパ・リーグ王者として巨人と戦ったのは、私が監督兼選手を務めていた南海ホークスだった。

このシリーズで私は敢闘賞をいただいたが、最高殊勲選手（ＭＶＰ）に輝いたのは四勝一敗で勝利をおさめた巨人の堀内恒夫《ほりうちつねお》投手だった。「堀内にやられた」、それがこのシリーズの印象だった。

シリーズが始まる前、スコアラーがいろいろと情報を集めてきたが、その中に、「堀内はピッチャーだが、バッティングがうまい。とくにカーブを打つのがうまい」というものがあった。

そこで第三戦だったと思うが、三回ワンアウトでバッターボックスに立った堀内に対して、私はピッチャーの松原明夫《まつばらあきお》（のちに改名して福士敬章《ふくしひろあき》）にシュートを投げさせた。カーブを打つのがうまいなら、シュートは大丈夫だろうと思ったのだが、レフトに野手顔負けの特大のホームランを打たれてしまった。その瞬間、私は覚《さと》った。堀内はカーブを打つのがうまいのではない、読みがいいだけなのだと。

それは、その後の堀内の打席でも明らかになった。思い切ってカーブを投げさせたのだが、うまいという様子はまったく感じられなかった。つまり、彼は野球センスがいいのだ。**センスがいいから、ヤマを張ることができる**。カーブがくるようなカウントになると、その気配を感じ、カーブにヤマを張っているから打てるのだ。ホームランを打たれたシーンでも、カーブではなく、シュートを投げてくるのではないかと読んで、それを待っていたに違いない。

一般的に、ピッチャーは変化球を打つのが苦手である。打席に立つ機会が少ないので、ストレートなら行き当たりばったりでバットを振ってヒットになることはあっても、変化球はなかなか打てない。そこでカーブなどを投じるのだが、それを堀内は逆手にとって、ヤマを張って打っている。それゆえ、一見しただけでは、カーブを打つのがうまいように見える。だから、「堀内はカーブに強い」という情報は正しくなかったのだ。この場合、「堀内はヤマを張って打ってくるから気をつけたほうがいい」というのが、正しい情報だったということになる。

56 状況判断

情報の海で溺れてしまわないために自分の感性をフル回転させる

前項の堀内のエピソードで何がいいたかったかというと、情報とのつきあい方である。それが正しいとか、間違っているという以前に、情報やデータとはあくまでも傾向やパターンの集積であり、大事なことは、それをどう読み取り、どう生かすかは、すべてそのとき、その場の状況によるということだ。情報を絶対視し、それに縛られたばかりに失敗することは多々ある。

まずは、**目の前の状況を自分の感覚や目でしっかりと観察し、そこから得られた洞察をもとに、情報やデータを生かすということを考えなくてはいけない。その意味では、感性ということが大事**になってくる。

たとえば、バッターを観察するとしよう。スイングしようとして踏み込んだ足の角度や体の開き具合、あるいはボールの見逃し方などで、バッターが何を狙っているのか嗅《か》ぎつけなくてはいけない。

そこからが、情報やデータの出番なのだ。観察して得られたものと情報を付き合わせ、そのバッターをどう攻略するか考える。それが再び情報として蓄積され、次の対戦のときに役立てられる。それこそが、情報との正しいつきあい方といえる。

ただ、やみくもに、「こういう情報だから」、「こんなデータだから」といって盲目的にそれに従うのは、自殺行為にも等しい。当然、相手もデータを取られていることをわかっているだろうし、そのうえで、あえて裏をかくこともありえる。そうしたことを防ぐためにも、まずは目の前の状況を正しく読み取ることが大切なのである。

情報やデータが傾向やパターンの集積であるということは、それらはすべて過去に属するものだということでもある。

ところが**状況は、時々刻々《じじこくこく》と変化する。それに対処するためには、自分の感性をフル回転させ、いま何が起きているのかを正しく判断する**しかない。そのうえで、情報やデータを役立てるという態度が求められる。

あふれかえる情報の海で溺れてしまわないためにも、情報との正しいつきあい方を考えるべきだろう。

57

原理原則

困ったとき、迷ったときこそ「原理原則」に立ち返るべき

すべてのものごとには原理があり、すべての行動には原則がある。私たちは仕事や生活のさまざまな場面で、ここはどうしたらいいのかと判断に迷うことがある。その**迷いや悩みが大きければ大きいほど、「原理原則」に照らして判断することが、もっとも理にかなったこと**だと思う。困ったとき、迷ったときこそ、原理原則に立ち返るべきなのだ。

ものごとや行動はすべて「相対関係」で成立しているというのが、私の考える究極の原理原則である。世の中には絶対的に正しいことなどなく、あるいはその逆に、絶対的に間違っているということもない。

状況や立場によって、右が左になるし、左は右になる、表が裏になることもあれば、裏が表になることもある。あらゆる価値は相対性に基づいている。

それが如実に現れるのが、野球というスポーツだと思っている。その相対関係を的確に

把握し、それを上手に活用できれば、相手との勝負に勝つ確率がグンと高まる。

たとえば、ピッチャーの生命線は外角低めへのコントロールである。バッターから見て、そこが最も打ちにくいコースなのだ。ここにしっかり投げることができていれば、仮に打たれたとしても、大きな傷になることはない。しかし、だからといって外角低めにだけ投げていればいいかというと、そうではない。はじめからそこにくるとわかっていれば、プロ野球のバッターなら簡単に打ち返してしまう。

そこで、相対関係を利用する必要が出てくる。外角低めのボールの効果をあげようと思ったら、内角の使い方がポイントになってくる。内角にもくるのではないかとバッターに思わせることによって、外角低めがさらに生きてくるのだ。なぜかといえば、ゴルフをやられる方ならよくわかると思うが、右利きの人の場合、いいスイングの要《かなめ》となるのが、体の左側の壁である。この壁が崩れてしまうと、いいスイングはできない。野球のバッティングも同じことで、この壁が崩れると、いいバッティングはできない。そこでキャッチャーは、何とかしてバッターの壁を崩すために工夫してリードするわけだが、そのためには、内角にくるのではないかと意識させることが一番である。

この**相対関係を利用したリードこそ、私の究極の原理原則**である。

58

相対関係

ものごとはすべて「相対関係」で成り立っている

内角球の使い方は、私が監督時代、とくに力を入れて指導したことのひとつである。内角を攻めることの目的は何かというと、外角低めをさらに効果的に見せることである。だから、内角は、まともにストライクを投げるところではない。あくまでも、外角低めを生かすための見せ球でいいのだ。

もちろん、バッターによっては、内角で勝負したほうが打ち取れるというケースもないわけではない。キャッチャーからそういうサインが出たら、それはキャッチャーを信頼して、内角で勝負すべきだろう。

ただし、内角を攻めるときには、そこが危険ゾーンだということを絶えず頭に入れておかなくてはならない。

細心の注意をもって攻めなければ、仮に内角に弱点があるバッターでも、それをはじめから狙っていれば、打てないわけではない。そのあたりの判断を間違えずに攻めなければ、ときとして痛い目に遭う。

その典型的な例が、ヤクルトスワローズにいた川崎憲次郎《かわさきけんじろう》というピッチャーである。彼が模範にしていたピッチャーは、巨人の江川卓だった。江川ほどの球威とコントロールがあれば、内角のストレートでも勝負できるが、しかし、そのレベルに達していない選手が江川のマネをしても打たれるだけなのだ。

なぜなら、私も現役時代はスラッガーとして生きてきたが、強打者ほど二ストライクに追い込まれるまでは、インコースのストレートにヤマを張って、それをホームランにしようと狙っているのだ。その危険性をわかっていないため、川崎は内角を不用意に攻めて、大事な場面でよく打たれていた。

いま、野球における相対関係というものを、内角と外角低めの例を使ってお話ししたが、**ピッチングというものは、外角と内角、高めと低め、緩と急、ストライクとボールという、四つのペアによる相対関係で成り立っている。**

これをどう操るかによって、ピッチングに幅が生まれ、それだけバッターを打ち取る確率をあげることができるのだ。

59

男と女

異性に対する興味があるから、人は成長できる

私は年に三回ほど、慶應病院というところで健康診断を受けているが、先日、そこのお医者さんに、「監督、最近、女性と接していないでしょう?」といわれてしまった。

そんなことまで健康診断でわかるのかと、不思議に思って先生にたずねたら、「わかりますよ。ホルモンのバランスが崩れていますから」という答えだった。さらに、「できるだけ若い女性のそばにいなさい」ともいわれた。いるだけで、それが刺激となって、ホルモンのバランスが整ってくるのだという。

その話を聞きながら、私は一か月半に一度行く理髪店のことを考えていた。それは紀尾井町にあるホテルの地下に入っている理髪店なのだが、そこにはネイルケアをしてくれる女性が常駐していて、髪を切ると、サービスとして爪を磨いてくれる。女性に手を握られながら爪の手入れをしてもらうことも、ホルモンのバランスを整えるためにはいいことで

はないかと思ったのだ。

所詮、この世の中には男と女しかいない、男には女が、女には男が必要だと俗にいわれているが、ホルモンバランス説の観点からも、それは正しいことではないのだろうか。

年をとってくると、だんだんと欲から離れると書いたが、少なくとも若いうちは欲があってもいいと思う。

異性に対する興味があるから、人生は楽しく、また成長できる。それは、年をとったからといって変わるものではないという気もする。

そもそも、女性と男性では本能的に感性が違っていると思うし、同じものを見ても、女性の感じ方と男性の感じ方は違う。その違いがあるからこそ、男と女はおもしろいのである。そうした違いに敏感になることも、プロ野球選手としての感性を磨くことに役立つのではないかと思っている。

60

恋愛

恋愛と野球には相通じるものがある

私は、恋愛と野球には相通じるものがあるのではないかと思っている。

たとえば、ある女性を好きになったとしよう。すると、その女性をなんとかしてものにしたいと考える。

どうやったら自分のほうに気を引くことができるか考え、その女性の趣味や嗜好を調べたりする。あるいは、戦術や戦略を駆使し、なんとか口説き落とそうとする。

野球も同じなのだ。相手のピッチャーを攻略しようと思ったら、そのピッチャーのことをいろいろと研究して、さまざまな戦略や戦術を駆使するしかない。その意味で、恋愛そのものなのである。だから、私は、「相手のピッチャーのことを惚れた女だと思え。それをどうして落とすか考えろ」と、選手にいったことがある。あまり説得力があったとは思えないのだが……。

「英雄色を好む」という言葉がある。英雄と呼ばれるほどの人は何事にも精力旺盛なので、女色《じょしょく》を好む傾向も強いという意味だが、それは単に、好色だということをいっているのではないと思う。

英雄というのは、大体において成功者である。成功者というのは、普段からものごとに対処するにあたって、絶えず戦略や戦術を練る習慣を持っている。

それが女性を口説くときにも発揮される。そのため、多くの女性を手に入れることができるのではないだろうか。

この「英雄色を好む」に関しては、ひとつおもしろい実験研究がある。それは「社会的地位仮説」というもので、男性ホルモンのテストステロンの濃度が高い人ほど、出世しようと努力する傾向が強いという。

出世した人が必ずしも英雄というわけではないが、少なくとも出世者＝社会的成功者と見なすことはできる。

出世するためには、なんとかしてライバルとなる人を蹴落とすのが近道と思うかもしれないが、そうではない。周囲の目、すなわち他人からの評価が一番の鍵を握っているのだ。

そのためには**無用な対立を避け、周囲に公平な態度で接し、お互いに協力することが大切**である。

テストステロンの濃度が高い人ほど、対立を避け、公平に振る舞う傾向があるのだそうだ。

そのような努力ができる人ほど、出世にもつながりやすいというわけで、当然、そういう男性のもとには、近づいてくる女性も多いに違いない。それが結果として、「英雄色を好む」という言葉になったのではないだろうか。

第四章

「言葉」に通ず

61

信頼

信頼関係がなければどんな言葉も響かない

監督や上司は、選手や部下に必ずしも好かれる必要はない。最近では若い部下によく思われようと必要以上に気を使ったり、ゴマをすったりする上司も多いと聞くが、そんなことでは、かえっていざというときに権威や威厳が保てない。逆にこんな上司は大したことがないとなめられるのがオチだろう。

好かれなくてもいいのだが、信頼はされなくてはならない。そうでなければ、話す言葉に説得力が生まれない。説得力がなければ、監督や上司としてもっとも大切な仕事である組織の意識改革もできなければ、選手や部下の人間教育もできない。

人を説得して何かを納得してもらうには、言葉の力によるしかないのだが、その前提となるものはやはり信頼である。「信《しん》は万事《ばんじ》の本《もと》をなす」という言葉があるが、すべての基本となるのが信頼関係なのである。それゆえ、監督や上司が日ごろから取り組まなくてはならないことは、選手や部下との間に、どうやって信頼関係を構築していくかということに尽きる。それがあれば、たいがいのことはうまくいく。信頼とは、端的にいってしまえば、「この監督についていけば大丈夫だ」、「この上司のいう通りにやっていれば間違いない」と思わせることである。

しかし、信頼関係は、一朝一夕で築けるものではない。そのためには、日ごろの積み重ねしかない。

私が監督として選手との信頼関係を築くために重視したのは、二月一日から始まるキャンプだった。その日から毎晩、ミーティングを開き、私がどういう野球を目指しているのか、人間として選手たちにどうあってほしいと望んでいるのか、徹底的に叩き込んだ。

もちろん、ミーティングはキャンプだけで終わるものではない。シーズンが始まっても、試合前、試合後にミーティングを行う。そうしなければ、選手は私の意図を本当には理解できないし、目指す野球にもならない。繰り返し、繰り返し、自らが信じることを説き続けることで、やっと少しずつ、結果が出るようになる。そこではじめて、選手たちの間に「この監督についていこう」という信頼が生まれてくる。それはある意味、選手たちとの闘いでもある。

62

思考

信頼を得るためには、つねに部下より一歩先へ進んだ存在であるべき

信頼関係を築くうえで鍵を握ってくるのが、その話し方である。ただ、こうしろ、ああしろでは選手たちも話を聞いてくれない。やはり、選手にとってタメになる話、おもしろい話、興味のある話でなくてはいけない。そのためには、私自身が勉強しておく必要があるのだ。

もともと私は、勉強ができるわけでもなければ、学歴があるわけでもない。自分自身を無知無学の徒《と》だと思って生きてきた。しかし、南海ホークスではじめて監督を引き受けざるをえなくなったとき、目が覚めたといっていい。「監督とは、いったい何だろうか」と考え、つねに選手よりも一歩先を進んでいなければならない存在だということに気づいた。

そのためには、野球のことだけではなく、歴史や人間学などを含め、すべての分野において、自分の知力を向上させなければいけないと思った。

野球選手としてホームラン王になった、三冠王になったなどというのは、監督としては何の役にも立たない。それよりも、普段、選手の前で話すときに、その話によって、選手にどれだけ感動を与えることができるかにかかっている。その積み重ねのなかから信頼が生まれてくる。そう思った私は、それまで読んだこともなかった本を読むようになった。

本を読み、それをもとにして選手たちに話をするなかでわかってきたのは、思考と行動には密接な関係があるということだった。

しっかりとした考え方をしていると、それがしっかりとした行動に反映されるのだ。そして、その**思考力を増すためには、考え方のエキスとなるものを絶えず注入しておく必要がある。その有効な方法のひとつが、読書**なのである。

そうした甲斐のせいかわからないが、私のことをプロ野球界における「頭脳派」と呼んでくださる方々がいる。そう呼ばれることは本当に照れくさいのだが、素直にうれしいと思う。

幸か、不幸か、野球界にいる人間は、一般社会の人々から見れば頭脳的にはレベルが低いといわざるをえない。だから、私のような人間でも頭脳派で通るのだと思う。

63

問題意識

問題意識を持たせることが本当の指導である

コーチは教えるのが仕事である。昔は監督かヘッドコーチしかいなかったが、いまはバッティングコーチ、ピッチングコーチを筆頭に、走塁コーチ、内野守備コーチ、外野守備コーチ、バッテリーコーチなどがいる。さらにはフィジカルコーチやメンタルトレーナーなどもいる。それだけのコーチが、競い合うようにして選手を指導している。しかし、その教え方が問題である。

私が監督としていつもコーチ陣にいっていたのは、「なるべく教えるな」だった。メジャーリーグでは、「教えないコーチが名コーチ」といわれている。この言葉を額面通りに受け取ったのでは誤解が生じる恐れがあるが、この言葉の裏にある真意は、「なるべく選手に考えさせろ」ということである。メジャーリーグのコーチは、簡単に教えようとはしない。その代わり、選手の一挙手一投足をじっと観察している。そして、選手が質問に来たときに、その観察をもとに、ここぞとばかりに懇切丁寧に指導する。

そこには、選手に**問題意識を持たせることこそが真の指導者**であるという信念があるように思う。選手が自分なりの考えでプレーをしていると、あるとき、うまくいかなかったり、壁にぶつかることがある。そのとき選手は、「なぜだろう」、「どこがいけないのだろう」と疑問を持つ。その試行錯誤のうちに問題意識というものが芽生えるのだが、その問題意識を持つことこそが、選手の成長にとっては欠かせないことなのである。

問題意識を持ってコーチにたずねるとき、その選手の内面では、吸収してやろうという意欲がマックスの状態になっている。コーチのひとこと、ひとことが、いわば乾いた砂に浸み込む水のように吸収されていくのである。

結局、日本のコーチが教え過ぎなのは、何もしないとクビになるのではないかと恐れているからだと思う。しかし、そんなことはない。少なくとも私は、そんなことでコーチを評価することはしなかった。とにかく、最初はじっくりと選手の言動を観察しているだけでいいのだ。ただし、選手が聞きに来たときは、つねに個別、具体的に教えられるように準備していなくてはならない。その選手にはどういう指導法が一番向いているのかを考えておく必要がある。そういうときに「肩の力を抜け」とか、「無心になれ」とか、いきなり抽象的なことをいうコーチがいるが、それではかえって選手が戸惑うばかりだ。

64 指導

自分で問いを設定できる力をつけてやることが大切

たしかに、人に何かを教えるということは難しいことである。はじめから教え過ぎると、その人は依頼心が強くなり、自分で考えようとしなくなる。自分で考えなければ、それ以上の進歩はない。まずは自分の頭で悩み、考え抜かなくては、なにごとも身につかない。効率よく答えを教えてやるのではなく、自分で問いを設定できる力をつけてやることが大切なのである。

その意味で、**プロフェッショナルというのは、自ら問題設定ができる人、問題意識を持てる人**だともいえよう。

プロとアマチュアの違いは、突き詰めて考えると、自主的にものごとに取り組むか、人に教えられてやるかの違いだと思う。

プロは生活がかかっているのだから、自ら問題を見つけ、それを解決するために考えなくてはいけない。

だから、うまくなるのも自由だし、下手になるのも自由である。一方のアマは、何が問題なのか、人に教えられなくてはわからない。

いまの若い人は、教えられることが当たり前になっているのかもしれない。それは、野球界でも一般社会でも同じである。

ひところ、若者の特徴を表現する言葉として「指示待ち世代」という言葉が巷間に流布した。

指示を待つということは、いま何をなすべきか、どう考えるべきかという答えをあらかじめ教えてもらうということである。

それに慣れてしまって、あるいはそれが当たり前だと思って、自ら考えようとしない。誰かが指示を出してくれるのを待っている。

そんな若者が本当に増えているのだとしたら、それはもちろん本人に大部分の責任があるのだが、そういうふうに育ててしまった大人や社会にも責任の一端がある。最初から答えを用意してしまっているのだ。それではいけない。

65

引き出す

「再生」とは、隠れたままの実力や可能性を見極め、引き出すこと

「ボヤキの野村」、「生涯一捕手」、「月見草」など、私はこれまでさまざまなニックネームをいただいてきたし、自分でもキャッチフレーズのようなものを考えたりしてきた。そんなニックネームやキャッチフレーズのひとつに、「野村再生工場」というものがある。

前のチームからトレードでやってくる選手、他の球団で自由契約となった選手、あるいはチーム内の選手でも、もはや力が衰えたと見なされ、起用されることが少なくなった選手などを、指導やアドバイスによって復活させ、再び戦力として活躍できるようにしたケースが多いことから、みなさんがそう呼んでくれるのだと思う。

「野村再生工場」の第一号となったのは、山内新一《やまうちしんいち》というピッチャーである。一九六八年に社会人野球からドラフト二位で巨人に入団したが、四年間で一四勝しかあげることができず、七三年に松原明夫という投手とともに交換トレードで私がプレーイングマネージャー

を務めていた南海ホークスに移ってきた。巨人時代にヒジを痛め、くの字に曲がっており、速いストレートなど投げられるはずもないのに、速球派の夢をいまだ捨てきれずにいた。

しかし、彼を見た私は、これはひょっとして使えるのではないかと思った。というのも、ヒジが曲がっているため、投げたボールが自然とスライドすることを見抜いたからだ。このボールをうまく使えば、右打者は外角に逃げていくため引っかけてしまうし、左打者は内角に食い込んできて打ちにくい。そこで私は、「村田兆治《むらたちょうじ》はスピードで二〇勝するが、おまえはコントロールで二〇勝できる」といい、低めへのコントロールと変化球で勝負する技巧派に転向することを彼に進言した。

実戦で試してみると、低めへと決まる彼のナチュラルなスライダーは、おもしろいように成功した。相手チームのバッターはそのボールを引っかけてしまい、内野ゴロの山を築いた。いきなり完封勝利をあげた彼は、その年、二〇勝八敗という好成績を収め、南海のパ・リーグ制覇に貢献した。自分を生かす道を見つけた彼は、その後もスライダーに磨きをかけ、南海の一一年間で一二一勝をあげることができた。

再生のポイントは何なのかと聞かれることが多かったが、そう難しいことではない。**再生とは、短所や長所を含め、その選手の適性を見極め、隠れたままになっている実力や素質、可能性といったものを引き出してやること**である。

66

気づかせる

本人が気づけば、自分で考え、取り組む姿勢も変わってくる

前項の山内新一のほかに、ピッチャーでは松原明夫、田畑《たばた》一也《かずや》、川崎憲次郎、吉井理《よしいまさ》人《と》、遠山奨志《とおやましょうじ》など、バッターでは小早川毅彦、山﨑武司《やまさきたけし》などが、野村再生工場の傑作として、よく名前があげられる。

このほかにも、いちいち名前はあげないが、違うポジションにコンバートしたことで花開いた選手も少なくない。

遠山や吉井というピッチャーは、シュートを覚えさせることでピッチングの幅を広げることができたし、小早川や山﨑はピッチャーの配球を読むことの大切さを理解したことで、劇的に復活できた。

つまり、**再生とは、その人に何が足りないのかを気づかせ、その足りないものを新しいことを習得することで補ったり、克服したりすることで、新たに生きる道を見つけてやる**

ことなのだ。

ここで**何よりも大切なことは、本人に「気づかせる」というこ****と**である。

気づいていない人間に向かって、どんなことを、どんなに指導しようが、成果は出てこない。本人が気づけば、自分で考えるようになる。**自分で考えるようになれば、目指す目標が明確になってくるし、それに取り組む姿勢も違ってくる。**そこがポイントなのだ。

監督やコーチは教え過ぎてはいけない、なるべく本人に考えさせるようにしなくてはならないと別項のところにも書いたが、それも同じことである。

本人がその気になっていないときに、いくら頭ごなしに教え込んだところで、本当の実力として身につかない。**よき指導者とは、何よりもまず、気づかせ屋でなくてはならない。**

私には、監督の仕事とは「与えられた戦力をやりくりしながら闘うことだ」という持論がある。「エースと四番は育てられない」とつねづねいっているが、それ以外の選手はちょっとした意識改革で大きく変わるし、闘う集団に変貌させることもできる。この程度の戦力では闘えないというのなら、はじめから監督など引き受けないほうがいい。やはり引き受けた以上は選手の力や技術を伸ばしてやりたいと思うし、強いチームにしていきたいと思う。

67

基礎

基礎をおろそかにするな。基礎がなければなにも始まらない

いまのプロ野球選手は、野球をするための環境を含め、あらゆることに恵まれ過ぎていると思う。

たとえば、雨が降ったら雨天練習場があるし、いつでも打ち込みを行うことができるピッチングマシンもある。フォームを確認できるビデオ、筋力アップのためのトレーニングマシンなど、数え上げたらキリがない。

しかし、恵まれ過ぎていることが、選手にとっては必ずしもいいことではないことは、記録が伸びないことを見ても明らかである。

私が見るところ、恵まれていることによって、たとえば素振りなどの基礎づくりを省き、おろそかにしている傾向が強い。

たしかに、一人で素振りをしているよりも、ピッチングマシンを相手にボールを打って

いたほうがおもしろいであろう。

しかし、それでは基礎が身につかない。

ものごとは、基礎、基本、応用という段階を踏んで深まっていく。

たとえば一八歳でプロ入りしたとしたら、二二、二三歳までは基礎をじっくりと体にしみこませる時期である。

そして、二五、二六歳までに基本を身につけ、それから実戦を戦い抜くための応用に入っていく時期である。

基礎は、そのための土台となるもので、それなくして技術的向上も目覚ましい成績もありえない。

王貞治は若いころ、コーチの荒川博さんのもとで毎晩、素振りを続けたことが基礎となり、通算八六八本のホームランという偉大な記録を打ち立てることができたのだ。

基礎がなければ何も始まらない。それは、数が「一」から始まるのと同じことである。一を省いて、いきなり二から始めるということはありえない。だからこそ、この一を大事にしなくてはならない。そこで手を抜いてしまっては、二、三とスムーズには行かないのである。

68

プロセス

よい結果には必ずよいプロセスがある。プロセスを重視せよ

基礎である「一」を大事にするということは、「プロセス」を大事にするということでもある。最近は、成果主義や業績主義の名のもと、結果がすべてという風潮が強まっているように思う。経済の世界でも、ビジネスの世界でも、厳しい競争社会を勝ち抜いていくためには結果がすべてであり、四の五のいっていないで結果を出せ、最後は結果オーライだといわれる。たしかに、それでメシを食っている以上、結果に無頓着ではいられない。

しかし、結果だけで判断するのは間違いだと思う。いきなり結果があるのではない。結果には、必ずといっていいほど、そこに至ったプロセスや過程がある。

よい結果が得られたとすれば、そこにはよいプロセスがあったのである。たまたま結果がよかったということもあるかもしれないが、それはその場限りのものであり、決して連続しない。**よい結果を出し続けようと思ったら、いかにプロセスを重視するかにかかって**

いる。やはり、見るべきは、その結果に至ったプロセスなのである。

プロ野球の「プロ」とは、もちろん「プロフェッショナル」のことだが、しかし私は、「プロセス」のプロだとも考えている。これまでの監督業を通じてつねにいい続けてきたことは、プロセスの重要性である。「野村野球」をひとことでいい表すとしたら、「プロセス野球」であるといえる。では、そのプロセスとは何かといえば、プロとして当たり前のことを当たり前にやるということなのだ。そこには自分との戦いも含まれるし、自分に対してどんなテーマを課しているのかという問題にもつながってくる。

以前、NHKの『プロフェッショナル　仕事の流儀』という番組で、北海道で三ツ星シェフとして活躍している人物を取り上げていたが、その人もまた、「プロフェッショナルとは何か?」という質問に対し、「当たり前のことを当たり前のようにすること。それを毎日、続けること」と答えていた。プロの料理人にとって当たり前のこととは、お客様においしいといってもらえるものを作り、それを提供することである。そのためには、材料となる素材の見極めに始まり、調理法、サービスに至るまで、ひとつも手を抜くことはできない。その意味で、当たり前ほど難しいものはないともいえる。

基礎をおろそかにすることなく、プロセスを重視し、当たり前のことを当たり前のように継続することができる人物こそが、プロフェッショナルなのである。

69

完璧主義

キャッチャーは、理想主義者、完璧主義者でなければダメ

キャッチャーをしていた現役時代の私には、「ささやきの野村」というニックネームがあった。ささやく相手は、目の前のバッターである。ささやくといっても話しかけるわけではなく、ひとりごとのようなものと思ってもらえばいい。

通常であれば、ボールが通過したときのバッターの見逃し方によって、ストレートを待っているのか、変化球を待っているのか、あるいは右を狙っているのか、左を狙っているのかがわかる。しかし、相手が何を考えているかわからない場合がある。だから、ささやくときは、本当は困っているときなのだ。

ささやきも余計なことはいわずに、ひとことくらいの短いほうがいい。たとえば、バッターがファウルしたら、「合ってるぞー」と、バッターに聞こえよがしにいう。タイミングが合っているということなのだが、そのひとことで、相手は同じ球は投げてこないと思っ

てくれるかもしれない。いわば、心理作戦のひとつである。

「ささやきの野村」は、いつしか「ぼやきの野村」に変わった。このぼやきも、やはり私がキャッチャーをやっていたことに関係している。キャッチャーというものは、理想主義者、完璧主義者でなければダメだと私は思っている。毎試合、「きょうは完全試合を狙う」と、それぐらいの姿勢で試合に臨まなくてはいいキャッチャーとはいえない。そこで、たとえばピッチャーがフォアボールを出せば、次にはノーヒットノーランを狙うし、ヒットを打たれたら、今度は完封試合を狙う。そういうふうに、だんだんと目標を下げながらではあるが、そのつど、そのつど、理想や完璧を追求するのがキャッチャーなのだ。

しかし、現実によって、理想はいつも裏切られる。たとえば、キャッチャーの私が外角へのボールを要求したのに、ピッチャーが内角にストレートを投げて、バッターにみごとに打ち返される。「だから、外角のサインを出しただろう」と思うのだが、あとの祭りである。そのときに、思わず、「どこに投げてるんだよ」というぼやきが、口をついて出てしまうのである。

つまり、**ぼやきとは、理想と現実のはざまに生まれるものであり、そもそも理想がないところには生まれない。**逆にいえば、ぼやきも出ないようなキャッチャーは、キャッチャーとしては失格なのだ。

70

ぼやく

「ぼやき」は期待する相手の発奮を促すために生まれる

このぼやきは、私が監督になってからも続いた。というより、監督としての私のトレードマークになった。とくに楽天イーグルスの監督時代には、試合が終わると、毎日のように記者たちの前でぼやいた。それがメディアを通して大きく取り上げられ、それを楽しみにしているという野球ファン以外の方もいた。

実は、このぼやきには狙いがあった。ひとつは、テレビの前の視聴者を意識したものであり、そのひとことによって、楽天というチームにもっと興味を持ってもらおうと思ったのだ。もうひとつの狙いは、選手たちに発奮《はっぷん》を促すことであり、そちらのほうが本当の目的だった。

どういうことかといえば、私のぼやきがメディアを通じて間接的に選手に伝わることで、彼らが、なぜぼやかれるのか、自分のどこがいけないのか、どうすればいいのかを、少しでも考えてくれるようになるのではないかと期待したのだ。直接、選手に向かっていうよりも、メディアを通じて私がいいたいことのエッセンスが端的に伝わるほうが、本人の発奮につながるのではないかと思った。

先ほどもいったが、ぼやきは理想主義や期待の裏返しである。もっとやればできるのに低いレベルで満足していたり、考えが足りないばかりにミスを繰り返したりしている選手に対して、ぼやきは向けられる。

ぼやかれもしない選手というのは、まったく当てにされていないか、論評するレベルにさえ達していない選手だということになる。

どんな人であれ、**人間として生まれたからには理想がなければいけない**。**その理想があるからこそ、人は努力する**。そのときに当然、理想と現実の間にギャップが生じることがある。

あるいは、「あのときにこうしていたら」とか、「こうすればよかった」とか、後悔が生まれることもある。そうした「たられば」も、理想があるがゆえの、完璧にいかなかったことに対する不平不満である。

完璧主義の理想があるところに、ぼやきはあるのだ。

71

裏方

野球というドラマの台本は、裏方であるキャッチャーが書く

いまならお立ち台でヒーローインタビューを受けるのだろうが、かつては試合後に、好投したピッチャーがベンチの前や後ろで記者から質問を受けていた。

きょうは何がよかったのかと聞かれ、ストレートが走っていたとか、思ったところに投げられたと答えている。

ベンチの中で、プロテクターやレガースなどのキャッチャー用具をはずしながらそれを聞いている私は、ぶつぶつとこうつぶやく。

「何をいってるんだ。サインを出したのは俺やないか。少しは感謝してるのか、こらっ」

「功は人に譲れ」といわれるが、勝った試合での手柄はピッチャーに譲るのが、キャッチャーというポジションである。

その意味では、日の当たらない存在であり、縁の下の力持ちや裏方という立場に満足で

きない人にはできないポジションともいえるだろう。

「野球はドラマだ」とよくいわれる。ドラマである以上、そこには役者やスタッフが必要なのだが、それよりも何よりも、台本がなければならない。

野球の試合における台本を書いているのが、ほかならぬキャッチャーであることをどれくらいの方が認識しているだろうか。

監督は、試合というドラマの大まかな構想を立て、それに似合う出演者を決定する。いわば、演出家のような存在である。ドラマの詳細な筋書きを描いていくのは、ほかならぬキャッチャーである。

表舞台には決して出てこない「裏方」でありながら、ゲームメイクという最も重大な責任を負っているのがキャッチャーというポジションなのだ。

中国の古典に、「功ある者より、功なき者を集めよ」という一節がある。

正確な意味や背景はわからないが、すでに成功した人間や名声のある人間よりも、そういう者とは無縁な人間を集めなさいということだろう。**功なき人間は、功なきゆえに反骨心が強く、ハングリーであり、いざというときには自分を犠牲にすることもいとわない**ので頼りになる。だから、功なき者を集めよということだと、私は自分なりに解釈している。

72 スランプ

スランプは、夢中でやり続ける間に解消されることもある

試合の台本を書くのは監督ではないのかという人もいるかもしれない。たしかに監督は、試合全体の大まかな構想を練って、それを試合前に選手に伝えることがある。しかし、それはあくまで概略であって、役者のせりふはもとより、ト書きといわれる状況まで示された台本ではない。少なくとも**守りの場面における台本は、ピッチャーに対して一球、一球サインを出す立場のキャッチャーが書いているの**である。それが、最終的にドラマとなっていく。それだけに、キャッチャーは責任重大なポジションだといえる。

南海ホークスのレギュラーキャッチャーになって何年目のころだったろうか、私はその責任の重さから、キャッチャーをやることが怖くなったことがあった。たしか後楽園球場（現、東京ドーム）での東映フライヤーズとの試合前だったと思う。あまりの怖さから自信を失った私は、このままではチームに迷惑がかかると思い、鶴岡一人監督に申し出たこ

とがあった。「監督、自信がありません。代えてください」という私に対し、最初は「なんだとー」と怒っていたが、「じゃあ、ライトでも守っていろ」と、監督はいった。後にも先にも、ライトを守ったのは、そのとき一回だけである。

当時の後楽園球場は、ライトの横がホームチームである東映のブルペンだった。登板に備えて練習しているピッチャーやキャッチャーたちが、ネットにもたれながら、「ノムさん、もっと前、前。そこじゃないよ」といって冷やかす声が聞こえた。ライトのポジションから見える景色は、いつもキャッチャーをやっているときに見える景色とはまるっきり違っていた。普段は正面から見ている味方の選手の背中しか見えないのだ。何が何だかわからないまま、まるで野球をしている気にならなかった。

しかし、私の代わりに先発マスクをかぶったキャッチャーではどうしようもないと思ったのだろう、五回を終わったあたりで、監督から「キャッチャーをやれ」という指示があり、私はライトからキャッチャーのポジションに戻った。

それはおそらく、いまでいうところの一時的なノイローゼ、ひとつのスランプだったのだろう。キャッチャーというポジションの本当の役割が少しずつわかりかけてきたころで、自分は監督よりもすごいことをやっているのではないか、少なくとも守っているときは監督以上の存在ではないかと、その責任の重大さに押しつぶされそうになったのだ。

ベンチから、ストレートだ、カーブだと、一球ごとにサインを出してくれるのならいいが、それをすべて自分でやらなくてはいけない。自分はとんでもないことをしているのではないかと、怖くなったのである。

しかし、そのできごとを機に、キャッチャー観や野球観というものが少しずつ変わってきた。あらためて野球というものに向き合う姿勢が違ってきた。

結局、そのノイローゼによるスランプは、キャッチャーを続けるうちに自然に解消されていった。それは、鶴岡監督が私を信頼して、キャッチャーとして起用し続けてくれたおかげでもある。おそらく監督の頭の中に、「キャッチャーなら、そういう時期もある」という考えがあったのだろう。

73 言葉

指導者は日ごろから表現力や説得力を磨いておきたい

私には、言葉の力を自ら痛感したできごとがある。それは、江夏豊を先発投手からストッパーにコンバートしたときのことである。

高校卒業後に阪神タイガースに入団した江夏は、一年目から六年連続で最多奪三振を記録し、二年目の一九六八年には年間四〇一個というシーズン最多奪三振記録を作った。これは、いまだに破られていない大記録である。阪神の大エースとして活躍していた江夏だが、一九七五年、私が監督を務めていた南海ホークスにトレードされてきたときには、肩やヒジに故障を抱えていたうえ、左腕の血行障害もあり、かつての豪速球投手の面影はなかった。五〇球も投げると、いきなり握力が落ちてしまうのだ。これでは、先発ピッチャーは務まらない。

しかし、投手としての彼の才能や実績は群を抜いていた。彼になんとかもう一度、活躍する場を与えてやりたいと思った私は、リリーフへの転向を勧めた。長いイニングはダメでも、短いイニングなら十分、通用すると思ったのだ。

ところが、彼はがんとして私の提案に首を縦に振らなかった。いまでこそセットアッパーやストッパーの重要さが認識されているが、当時はリリーフといえば、二線級のピッチャーという扱いだった。

「ただでさえ阪神から南海に移ったことで、江夏も終わったなと思われているのに、先発からリリーフになって、また俺に恥をかかすつもりなのか」と、江夏はいった。

しかし、野球は変わりつつあった。すでにメジャーリーグでは、先発─中継ぎ─抑えという投手の分業システムができあがりつつあった。早晩、日本のプロ野球もそうなると、私は確信していた。そのパイオニアになれるのは、江夏をおいてほかにない。彼が道を切り開けば、ストッパーという役割が日本のプロ野球で認知されることは間違いない。そこで、私は彼にいった。

「どうだ、俺と一緒に日本の野球界に革命を起こしてみないか?」

革命、その言葉に鋭く反応した江夏は、ストッパーへの転身を決めた。

その後の彼の大活躍は、野球ファンなら誰もが知っている通り。彼はストッパーとして押しも押されもせぬ存在となり、その後、移籍していった広島カープや日本ハムファイターズではチームに優勝をもたらし、「優勝請負人」とまで評された。なかでも、広島と近鉄バファローズが日本一をかけて戦った一九七九年の日本シリーズ最終戦で、九回裏ノーアウト満塁のピンチを〇点に抑え、広島を悲願の日本一に導いた「江夏の二一球」は、いまも語り草となっている。

あのとき、もし「革命」という言葉がなかったら、はたして江夏はストッパーに転身していたのだろうか。

言葉ひとつで、人の運命が変わり、野球界の趨勢、その後の歴史まで変わる。言葉には、それほどの力があるものなのだ。

74

読書

書物は言葉の宝庫であり、豊かな表現力の最善のテキストである

遺伝子のレベルで見ると、ヒトとチンパンジーは九九パーセントぐらい同じ動物らしい。たった一、二パーセントしか違わないのに、これだけ違う生きものになっていることに驚くが、人間と動物を大きく隔てているもののひとつに言語能力がある。単純にいってしまえば、言葉を持っているかどうかということになるだろう。

人間を人間たらしめているものが、言葉による意思の疎通である。選手を導く役割を持つ監督や人の上に立つリーダーが黙っていたのでは、動くものも動かない。

そこには言葉による説得力が求められるし、伝えたいことを相手が理解しやすいように伝えるには、表現力が必要である。

同じ話をするのでも、違った表現を駆使することで、選手や部下は新鮮な気持ちで話を

聞くことができる。

それだけ理解度や信頼度も深まるだろう。

だからこそ、指導者やリーダーたるものは、つね日ごろから表現力を磨いておく必要がある。

私は、現役引退後にテレビやラジオ、新聞や雑誌などで長く解説者や評論家をやらせていただいたおかげで、表現力の大切さに目覚めることができた。

野球を見たり、聞いたりする人のなかには、野球のことをよく知らない人もいる。そうした人たちにも野球のおもしろさや奥深さを伝えるためには、言葉による表現力や説得力を身につけるしかなかった。

そのときに私が参考にしたのは、多くの書物である。

書物は、まさに言葉の宝庫であり、私はそれまで自身が経験してきたことを、そこに書かれてある言葉を使って表現することを学んだ。

もし、いま、**私の話す言葉に説得力があるとしたら、そのときに読んだ書物のたまものなのである。**

75

将来性

内実を伴わない漠然とした将来性だけで渡っていける時代ではない

能を集大成した人物として知られている世阿弥の能楽論『花伝書《かでんしょ》（風姿花伝《ふうしかでん》）』は、「第一　年来稽古条々《ねんらいけいこでうでう》」という段から始まっている。ここには、能という芸能を演じる役者が、年齢に応じてどのような稽古を積んだらいいのか、またどのような心がまえで稽古に臨むべきなのかといったことが書かれている。

「一芸は道に通ずる」という格言があるように、ひとつのことを極めた人のいうことは、その専門分野に限らず、さまざまな世界にも通用する普遍性を持つものだが、能楽を確立したとされる世阿弥の言葉もまた、人間が生きるうえでの指針を数多く含んでいる。もちろん、それは野球の世界にも通じるものである。

「年来稽古条々」には、もし三〇代の半ばに天下に認められなかったらば、能を極めたと考えてはならないし、このころに真の花を極めなかったら、その後、名人として認められることは難しいであろうと書いてある。また、五〇歳近くになってもなくならないような花を持っている役者ならば、それはきっと四〇歳以前に天下の名声をしっかり獲得している役者だろうと書いている。

いまと、世阿弥が生きた室町時代では、平均寿命もかなり違っているだろうから単純に比較することはできないが、三〇代を中堅、四〇代をベテランと見なせば、そのことはプロ野球選手はもとより、一般の社会人にも十分、当てはまることではないだろうか。

世間には「大器晩成《たいきばんせい》」という言葉があり、若いころはさっぱりだが、年をとってから大成することもあるといわれているが、世阿弥の言葉を読む限り、どうもそうではない。

やはり花を持っている人は、若いときにそれなりの兆候を見せているのであって、ベテラン近くになってもちゃんとしたことができなければ、それはもともと能力がない人だったと思えと解釈できる。

つまり、**「将来性」という言葉に惑わされてはいけない**といっているように思えるのだ。内実を伴わない漠然とした将来性だけで渡っていけるほど、プロの世界は甘いものではないのである。

76

即戦力

将来性ではなく、即戦力となる能力や特技をひとつ持て

将来性という言葉では、私もずいぶん苦い思いをさせられた。プロ野球の世界には、毎年、ドラフト制度と呼ばれる指名制度を通じて多くの若者が入ってくる。新人をリクルートすることを仕事とする「スカウト」と呼ばれる球団スタッフが、指名候補となる選手をピックアップし、フロントや監督などが話し合い、最終的に誰を指名するのか決める。

このとき、多くのスタッフが決まって口にするのが、「このピッチャーは将来、エースになる」、「このバッターは将来、クリーンアップが打てる」といったたぐいの言葉である。

しかし、スカウトの言葉通り、本当にエースになったり、四番打者になったりする選手は、私の長い経験上でも、数えるほどしかない。そのほとんどは、平凡な選手で終わることが多いし、なかにはほとんど活躍することがないまま消えていく選手も少なくない。将来性ほど、アテにならないものはない。

それよりは、「この選手には、こういう実力がある」、「この能力は、こういった場面で通用する」といった、ある程度、計算できる能力や実力を持っている選手を指名したほうが、チームのためになるのである。それがつまり、その選手が本来、持っている資質であり、それを鍛えることで、本当の花となる可能性がある。スカウトにはそういう目を持ってもらいたいと、いつも私は思っていた。

それは見方を変えれば、**将来性よりも「即戦力」**ということになる。

新人といえども、やはり何らかの能力を持っていなければ、即戦力として認めてもらうことができない。かつてのように日本の経済が右肩上がりで成長していた時代なら、文字通り、将来性を見込んで採用してもらうということがあったかもしれないが、もはやそういう時代ではない。

企業も生き延びていくためにギリギリの経営を行っている。即戦力にならない社員を数多く抱えていられるような余裕がないところがほとんどである。

「この能力があれば、このプロジェクトに生かすことができる」、「この特技は、こういう分野に欠かせない」と、**即戦力として評価してもらえるようなものをひとつ身につけておけば、道が開ける**のではないだろうか。

77

引退

チームの勝利を一番に考えられなくなったときに引退を決意した

私は、四五歳まで現役の野球選手を続けた。捕手としては、おそらく稀有《けう》な例ではないかと思う。三〇一七試合という私の通算出場試合数は、日本プロ野球記録である（編集部注——二〇一五年に谷繁元信《たにしげもとのぶ》が三〇二一試合を達成した）。

本当は五〇歳までやりたかったのだが、残念ながらそれは叶わなかった。南海ホークスで二四年、ロッテオリオンズで一年、そして最後は西武ライオンズで二年間をすごした。

引退を決めた直接の理由は、日本のプロ野球選手として初めて三〇〇〇試合出場を達成して間もない、一九八〇年九月二八日の阪急ブレーブスとの試合にあった。阪急に四対三とリードされた八回裏、ワンアウト、二、三塁。私の前のバッターが敬遠されて満塁となった。

相手は、私のほうが打ち取りやすいと見て、私との勝負を選んだのだ。当然、私は燃えた。最低でも外野フライを打てば、同点である。打てる自信もあった。

「絶対、打ってやる」

そう思ってバッターボックスに向かったが、背後から、「野村、代わろう」という根本《ねもと》陸夫《りくお》監督の声が聞こえてきた。なんと代打を告げられてしまったのだ。それほど、いまの自分は評価されていないのだということに愕然とした。過去の実績も経験も、もはや役に立たなかった。

しかも、あろうことか私は、代打に出たバッターをベンチから見つめて、「絶対、打つなよ」と、心の中でつぶやいていた。セカンドゴロでダブルプレーという最悪の結果に終わったが、その瞬間も私は、「ざまあみろ」と思っていた。チャンスを逃したチームは、そのままその試合を落とした。

その試合が終わり、家に帰る車の中で私は引退を決意した。

引退を決意させた一番の理由は、代打を出されたことよりも、その代わりにバッターボックスに立ったチームメイトが失敗することを祈った自分が、チームの勝利を一番に考えなくてはいけないプロとして情けないと思ったからだ。

78 引き際

引き際の美学というが、そのタイミングは難しい

それ以前からも、社長や監督などの球団首脳陣が、そろそろ辞めてほしいと思っていることは、うすうす感じていた。そもそも、試合でも起用されることが少なくなっていた。ただし、新人投手の松沼博久《まつぬまひろひさ》が投げるときだけは、私がキャッチャーとしてマスクをかぶることが多かった。新人のピッチャーにベテランのキャッチャーというコンビは、アイデアとしては悪くない。しかし、彼はアンダースローなので、モーションが大きい。当時、パリーグには福本豊や簑田浩二《みのだこうじ》をはじめ、俊足の選手が多かった。彼のモーションでは、盗塁を阻止することはできない。松沼とバッテリーを組むということは、必然的にそんな場面が増えるということであり、その役割を私に押し付けるということは、私に引退を決意させるためではないかと邪推することもあった。

引退すると決めたものの、そう簡単に割り切れたわけではない。それは私の性格にも関

係しているものだが、往生際が悪いのである。いろいろなことが、次から次へと思い返されて、何かイヤだった。やはり最初に浮かんできたのは、二軍生活時代のことである。そこから自分なりに努力して、なんとか一軍に這い上がり、そこでレギュラーを取った。少しは華やかな生活を送れるようになり、人に褒められるような結果も残せたということを考えたとき、辞めたくないというのが正直な気持ちだった。

引退を決めた翌日、球場内にある監督室に出向くと、ちょうどそこには球団代表もいた。

「今シーズン限りで、辞めさせていただきます」

そういいながらも、どこかでまだ、甘い言葉を期待していた。「ここまで頑張ったのだから、もう少しやったら」といってくれるのではないかと思っていた。

しかし、間髪を入れずに返ってきたのは、「そうか。長い間、ごくろうさん」ということだった。その言葉を聞いて、やはり辞めてほしかったのだと納得した。

しかし、よく考えてみれば、私のような立場の選手に対し、球団も簡単に「辞めてくれ」とはいえない。そこは自分自身で感づいて、自ら引退を決めてほしい、そう考えるのも不思議ではない。しばらくして、そのことに気づいた。「引き際の美学」というが、功成《こうな》り名遂《なと》げた人ほど、本人自身も、周囲の人間も、そのタイミングを計るのは難しい。

79

悔い

悔いが残るからこそ、人生は生きるに値する

どうした運命のいたずらか、私は南海ホークスにテスト生として入団することができた。テスト生には契約金もない。

プロ野球選手になれば、金持ちになれるかと思ったが、毎月の給料から寮費を払えば、いくらも残らない。夢と現実の大きなギャップから私のプロ野球人生は始まった。

実は、野球に関しては、いまだ叶わぬひとつの夢がある。プロ野球に入って、野球というものを学んで帰り、母校の高校の野球部の監督になりたいと思ったのだ。

高校球児たちのひたむきなプレー、一生懸命なプレーには、いまも胸が熱くなるし、憧れる。できることなら、高校野球の監督を一度はしてみたいといまでも思っている。

何歳まで生きられるのか、それは神のみぞ知るところだが、私も人生の終盤に差し掛かったことだけは確かである。

「わが人生に悔いはなし」といってあの世に旅立ちたいと思っているが、どんなに幸福な人生を歩んだ人でも、おそらく死に臨《のぞ》んでは、何らかの悔いを残すものではないだろうか。

悔いが残るからこそ、人生は生きるに値するものだともいえる。

すべてを割り切って生きている人の人生ほど、つまらないものはないのかもしれない。

悔いは、その人の生きたあかしである。

とはいえ、人はこの世に生を享けた以上、できれば悔いではなく、何かを残したいと考えるのが一般的であろう。それは形のあるものとは限らない。思想や記憶など、形にならないものでもいい。

「財を残すは下、仕事を残すは中、人を残すを上とする」

これは明治から昭和にかけて政財界で活躍した後藤新平《ごとうしんぺい》が遺《のこ》した言葉だといわれているが（諸説ある）、色紙などに何か言葉を求められたときに、私自身もよく書く言葉のひとつである。

財産を残すことも、事業を残すことも尊いことではあるが、それ以上に人材を残すことが尊いことだという意味であろう。

80

人材

監督として優れた人材を、父親として野球の専門書を残したい

プロ野球の監督の仕事とは、突き詰めれば、野球界をリードしていくような人材を残すことといえるのかもしれない。監督として、どれだけの人材を育てたかということが、その監督が名監督であるかどうかの究極の基準といえるのではないだろうか。

ただし、**野球界をリードしていく人材を残すといっても、野球の技量に優れた人だとか、何か記録を残す人ということではない。それ以上に、人間として優れた人材ということで**ある。

その意味で、いまのプロ野球を見ていて残念に思うのは後継者がいないというか、この選手は将来、いい監督になるとか、指導者にしたらおもしろそうだと思わせるような選手がいないことである。かろうじて期待が持てるのは、いま解説者をやっている宮本慎也《みやもとしんや》や日本ハムファイターズの稲葉篤紀《いなばあつのり》くらいではないだろうか。人材を残すということに関し

ては、私のプロ野球界への貢献も大したことはなかったと忸怩《じくじ》たる思いがすることもある。

これは個人的なことになるが、私は人生の最期に、誰も書いたことのないような野球の専門書を残したいと思っている。本屋さんに行っても、野球のルールや技術について書いたものはあっても、野球の教科書といえるような専門書を見かけることがない。たとえば、ONとして一世を風靡した王や長嶋などの影響力のある人間が野球の専門書を出せばいいと思っているが、まだお目にかからない。

その本は、まだ書き始めてはいないが、すでに頭の中ではできあがっている。内容そのものは単純で、退屈なものになると思うが、「野球とは何か？」について書いた本である。

しかも、その本は一般読者に向けたものというより、いまヤクルトスワローズで二軍バッテリーコーチを務めている（編集部注――二〇一四年時点）息子の克則《かつのり》に向けて書くものである。彼も野球で生きていかなくてはいけない人間だけに、野球界で長く生きてきた一人の父親として、野球の真髄を伝えるような本を残したいと思っている。

そう思うきっかけになったのは、親子ゲンカである。ケンカだから何が原因でそうなったのか覚えていないが、そのときに彼が口にしたひとことが思いのほかこたえたのだ。

「俺はオヤジに、父親らしいことを何もしてもらったことがない」と、彼はいったのだ。

父親らしいことというのがよくわからないのだが、たとえば小さいころに遊園地に行くとか、夏休みに旅行に連れていくとか、そういうことをいっているのであれば、たしかにそういう機会は、同級生の友だちに比べて少なかったろう。そのころ、私は野球漬けの日々だったのだから。

しかし、小学生のときに授業参観に行ったことがあるし、時間があればできるかぎりのことはやってきたつもりである。とはいっても、彼にとっては少なすぎたのかもしれない。

それにしても、あのひとことはこたえた。熱いお灸をすえられた思いだった。そうした反省も踏まえ、彼には野球の専門書といえるような一冊を残したいと思っている。

第五章

「組織」に通ず

81 リーダー

リーダーの器や力量以上に組織は発展しない

野球チームであれ、会社であれ、組織というものはリーダーの器や力量以上には大きくならないし、伸びてもいかない。つまり、**しっかりとしたリーダーがいない組織は、やがて先細りになり、崩壊の危機を迎える**ことになる。それが選手や監督として長い間、プロ野球という世界に身を置いてきた私が考える、リーダーと組織の関係である。

いま、野球界には、そうした意味でのリーダーがいないと思う。私は、そのことに強い危機感を感じている。

日本のプロ野球を統括しているのは、「日本野球機構（NPB）」という組織であり、そのトップに立つのは一応、コミッショナーとされている。一応と保留をつけたのは、機構の最終的な決定権はプロ野球の球団を所有するオーナーたちで構成されるオーナー会議が保有していて、コミッショナーはその立会人的な役割を担っているからである。

そもそも、コミッショナーは、オーナーなどの球団経営者の承認を得なければ就任できないことになっている。これはメジャーリーグも同様だが、メジャーリーグのコミッショナーは傘下の球団に極めて強い権限を持っているのに対して、日本のコミッショナーにはそれがない。言葉は悪いが、お飾り的なところがある。日本野球機構では、これまで一三名（編集部注——現時点で一五名）のコミッショナーが就任した（代行は除く）が、法曹、教育、官僚関係者ばかりで、プロ野球の経験者は一人もいない。

ご存じのように、日本のプロ野球は、読売ジャイアンツが中心となって発展してきた。そういう経緯もあり、何か問題が生じると、いいにつけ、悪いにつけ、かつては正力松太郎《しょうりきまつたろう》さん、いまは渡邉恒雄《わたなべつねお》さん（編集部注——二〇一六年に読売ジャイアンツ取締役最高顧問を辞任）がしゃしゃり出てくる構図になっている。そして最終的に、巨人に都合のいいようにものごとが決まってしまう。

選手のほうでも、プロ野球に行くなら巨人、巨人がダメならセリーグの在京球団という流れが長年、続いている。われわれパリーグで野球をしてきた人間としては、そうした傾向にずいぶんと腹を立てたものである。

あまりにも巨人に有利なような規則ができるので、私はヤクルトスワローズの監督をやっているときに、「何か賛否を取るようなときに、巨人以外のセリーグ五球団でまとまればいいじゃないですか」と、オーナーにいったことがある。

するとオーナーは、「そうじゃないんだ、野村君。パ・リーグが全部、巨人のほうに付くから、結局、七対五になってしまう」と、しみじみいった。

二〇〇五年から「セ・パ交流戦」というものが導入されているが、あれも結局は、巨人戦による多額の入場料収入やテレビ放映権料をパ・リーグのチームにもたらすためのものであり、パ・リーグにとっても、巨人におんぶにだっこの状態なのである。

私自身は、交流試合に反対である。その理由は、日本シリーズの真剣味が失われるからである。それぞれのリーグの覇者同士が、最後に日本一を懸けて日本シリーズを戦うことでプロ野球界は盛り上がると信じている。

82

自己犠牲

進んで自己犠牲ができる人がいる組織は強い

原辰徳《はらたつのり》は、これまでに監督として七回のセリーグ制覇（編集部注――二〇二〇年に九回目の優勝を果たしている）、三回の日本一に輝いている。その数字だけを見たら、文句のつけようがない監督である。巨人の歴代監督の中で、川上哲治さんに次ぐ優勝回数を誇っている。しかし、なぜか彼は、「名監督」とは呼ばれない。

目の肥えたファンにはわかると思うが、最近の巨人は資金力を生かし、他チームの主力級の選手をトレードやフリーエージェントで数多く獲得し、他チームを圧倒する戦力を誇っている。その選手たちを中心に、典型的な結果オーライの野球をしているのが、原辰徳が率いる現在（編集部注――二〇一四年時点）の巨人である。

そこには、これぞプロ野球と思わせるような緻密な状況判断も、いぶし銀のようなプレーも見られない。監督がいなくても成り立つような野球をしている。

おそらく巨人の選手たちは、個人記録を残すことが、チームに貢献することだと暗黙のうちに考えているのではないだろうか。そういう野球に見えて仕方ないのである。

まずは**チームの勝利や優勝を優先させ、その結果が個人記録となる、これが正常なプロ野球の姿であるはずだ。選手にそう思わせることも監督としての重要な仕事のひとつ**である。

たとえば、試合中に、バッターボックスの選手に「待て」というサインを出すことがある。バッターは打ちたいと思ってバッターボックスに立っているのであり、そこで「待て」というサインを出すのは勇気がいることである。

選手にとっては、「待て」のサインによって、みすみすストライクを一球見逃すことになりかねない。それは、バッターの立場からいったら自己犠牲である。

団体競技において、「フォア・ザ・チーム」の鍵を握るのが、この自己犠牲である。監督は、それを進んでできるようなチームを作っていかなくてはならない。

私は監督時代、そういうサインを選手に出して、それが結果的にその選手にとって不利になったときは、試合が終わってからスコアラーに、「あそこは、私の指示で待たせた」と報告するようにした。選手の自己犠牲が、きちんと査定され、それが年俸に反映されるようにしたかったからである。

チームの勝利よりも自分の成績や記録を優先させる選手、自分が目立てばいいという自己顕示欲の強過ぎる選手ばかりでは、そのチームはまとまっていかない。

プロ野球選手である以上、個人の記録や成績を重視するのは当然であるが、それを優先させていたのでは、チームの勝利に結びつかない。「ジャイアンツ愛」を掲げるのであれば、そこには当然、自己犠牲が伴わなくてはいけないのである。

83 発展

組織の発展を左右するのは、しっかりしたリーダー育成の意識である

プロ野球界の発展を本当に願うのなら、いつまでも巨人だけに頼っているわけにはいかない。

二〇一四年に自民党の日本経済再生本部がまとめた「日本再生ビジョン」の中に、プロ野球の球団を現行の一二球団から一六球団に増やす構想が盛り込まれたが、その本拠地として、これまでプロの球団がない静岡、北信越、四国、沖縄などが挙げられている。こうした動きも、プロ野球界の発展にとっては歓迎すべきことのひとつである。

私はかつて南海ホークスにいるときに、チームの本拠地を四国に移すべきだと、オーナーや球団社長に何度も提案した。当時、大阪近辺にはパリーグだけで三球団もあり、おまけに阪神タイガースという超人気集団があったため、ファンの取り合いが激し過ぎた。南海の関係会社である南海汽船が徳島航路を持っていたので、四国にホームを置けば、野球の

盛んな土地柄、多くのファンを獲得できると思ったのだ。しかし、その提案は一顧《いっこ》だにされなかった。

そろそろ、プロ野球の発展を真剣に考える、力量のあるリーダーに登場いただいて、そのリーダーのもと、関係者が一致団結してやっていかなくては、日本のプロ野球はジリ貧になる可能性がある。

はたしてどれほどの野球関係者がそうしたことを考えているのか、はなはだ疑問である。

プロ野球に限らず、会社でも、その**組織のさらなる発展と永続を願うなら、リーダーを育てることこそ、組織の使命であり、その組織の行方を占う生命線**ともいえる。**リーダー育成の意識がない組織に未来はない**。

その意味で、次代のリーダーを育てることをつねに見据えているのが、ヤクルトという球団だろう。私が退団した後を引き継いだのが、ヤクルト生え抜きの若松勉《わかまつつとむ》だった。若松は引退後、二軍での監督経験を積み、一軍の監督に就任した。これは球団側に、リーダーを育てる意識があったからこそだと思う。その後は、古田敦也が選手兼任監督を務めた。二〇一三年に引退した宮本慎也も、今後のヤクルトの監督候補として期待されている。

84 プレー

選手のプレーを見れば監督の教えがわかる

巨人の試合を見ていて頭を抱え込んでしまったことがある。三点ビハインドの九回裏、最後の攻撃。ここで選手が考えなければならないことは、なんとかして出塁することだ。最低、二人はランナーに出て、ホームランで同点に追いつくというのがセオリーである。

ところが、先頭打者が簡単に初球をセンターに打ち上げてしまい、ワンアウト。次のバッターも、やはり初球を打ち、セカンドゴロでツーアウトになってしまった。たった二球でツーアウトである。三人目のバッターも結局、アウトになり、ゲームセット。どんな野球をやっているのだと、暗澹《あんたん》たる気持ちになった。

子どもを見れば親がわかるというように、選手のプレーを見れば監督がわかるもので、あの九回裏の攻撃に、監督である原辰徳の野球が見えた。

つまり、選手に野球を教えていない、監督の考える野球を普段から選手に伝えていないということがわかるのである。

「ジャイアンツ愛」という言葉を掲げて監督に就任した原辰徳だが、それは単なるキャッチフレーズであり、そこにどんな野球を目指しているのかといった具体的な内容はない。

百歩譲って、それがチームの方針だとしたら、チームが勝利することが至上命題のはずである。

それに向けて、監督はもとより、コーチ、スタッフ、選手が一体となって、チームの勝利のために何をしなければならないのかを考え、実践することが求められる。

それでこその「愛」ではないのか。

にもかかわらず、ああいう野球を繰り返していたのでは、チームの勝利に結びつかないし、本当の強さを持ったチームにはなっていかない。

選手のプレーひとつひとつが、監督の普段の教え、そのものなのである。これは企業についても同じことだろう。リーダーにしろ、社員にしろ、それぞれの対応ひとつひとつが企業の顔、リーダーの教えであるという自覚が必要である。

その観点で見ると、**企業にとって本当の宝とは、「どこに出しても恥ずかしくない社員」である。これこそ、組織の一番の財産**であろう。

85

チームワーク

目的を共有していればチームワークは自ずと生まれる

野球に限ったことではないが、組織というものが話題になるとき、決まって出てくるものに「チームワーク」がある。

正直にいえば、私はこのチームワークという言葉が好きではない。

その理由はさまざまあるが、まず、このチームワークという言葉を、「仲よしこよし」の集団のように捉えている人が多過ぎるからである。

表面的な仲よしこよしがいくら集まったところで、それだけでチームワークが生まれるわけではない。

さらにいえば、**チームワークが組織の目的になること自体がおかしいと思う。それは意識して作るようなものではない。**

プロ野球のチームの最終的な目標は何か。

それはチームの優勝である。リーグを制し、日本シリーズで勝って日本一になることである。

その**目標に向かって、選手はもちろん、監督、コーチ、スタッフ、球団職員が一丸となっていれば、そこに自ずとチームワークは生まれる**はずである。

それは、いちいちチームワークと言葉にするものでもなければ、意識するものでもない。作るとか、できるとか、そういったたぐいのものではなく、自然にあるべきものであり、そんなことをプロの選手が口にすること自体がおかしいと思っている。

たとえ自分がヒットを打てなくても、あるいは自分に勝ち星がつかなくても、最終的にチームが勝てばいい。

そのようにチーム優先、チームの勝利第一主義の選手が多いチームは、当然のように強い。もちろん、プロである以上は、年俸に直結する個人記録も大切だが、それもチームの勝利があってこそのものである。

チーム全体の勝利を認識した選手たちが、それぞれの持ち場で力を発揮することを積み重ねていけば、そこに自然とチームワークが生まれる。

86

目的意識

仕事を通じて社会に貢献することが企業の最終目的である

「チームワーク」については、スポーツに限らず、企業などの組織にもいえることで、**社員同士が仲よくやっていくことが、その企業の目的ではないはずである。営利を追求するとともに、仕事を通じて社会に貢献することが企業の最終目的であるはずで、その目的が共有されていれば、そこで働く社員の間には、自ずとチームワークが生まれるはずなのである。つまり、社員がそれぞれ自分の仕事に真剣に取り組んでいれば、黙っていてもチームワークは形成されるもの**だと思う。その意味で、チームワークを強化することを目的とした指導や研修というものはおかしなものであって、そういう組織は、そもそもの目的が不明確だといわざるをえない。

おもしろいことだが、チームの勝利を第一に考えるというチームワークの根本のようなものは、むしろアマチュア野球のほうに見てとれる。私は少年野球の監督も、社会人野球の監督も経験したが、野球の原点はアマチュア野球にあるということを痛感した。

なぜなら、アマチュア野球には個人記録は関係ないからである。たとえば社会人野球の場合、ホームランを何本打とうが、勝ち星を何勝あげようが、あるいはベンチでスタンバイしている補欠選手も給料は一律なのである。だから、純粋にチームの勝利のことを第一に考えられる。これがプロとなると、そう簡単にいかない。個人個人で球団と契約を結び、個人の成績が年俸に反映されるから、ついチームの勝利よりも自分の記録や成績を第一に考えてしまう。だから、ランナーがいるときに、サインも出ていないのにバントをするような事態にもなる。あわよくば内野安打になることもあるし、自分がアウトになっても、ランナーが進塁すれば記録上は犠打ということになり、自分の打率が下がることもない。そういう見え見えのことをする選手を何人も見てきた。

アマチュアの選手が、チームワークを口にするのはよくわかる。それは楽しみのために野球をやっているのだから、当然である。しかし、プロの選手がそれを口にするのはおかしい。チームの勝利が至上命令である以上、それはあって当たり前のものだからである。それを、あえて口にしたり、要求するようでは、プロのレベルとはいえない。いちいちチームワークなどといわなくても、みんなが優勝に向かって気持ちをひとつにしていれば、それがそのままチームワークになっていくのである。

87 資質

人にはそれぞれ資質があり、ものごとに対する対処の仕方も違う

「名選手、必ずしも名監督ならず」

これはプロ野球の世界でよくいわれる言葉である。

現役時代に大活躍し、名選手の誉れを手にした人が、その後、監督やコーチになったとしても、必ずしもいい成績を残したり、いい選手を育てたりできないケースが多々ある。

これはプロ野球に限らず、どんなスポーツの世界でも見られることだし、一般の会社や組織にも当てはまることだろう。

たとえば営業や企画の部門で、一人の社員としてすばらしい成績を上げた人が、「長」と名がつくポストに就いたときに、部下を育てられない、上手に活用できないということがある。

とくに天性や素質だけで頂点に立ったような人ほど、そうした傾向は強い。彼らは考え

たり、悩んだり、工夫することなくスターダムにのし上がった人たちである。自分が体験したことがないだけに、選手や部下が何に悩んでいるか、何が原因でうまくいかないのか、それを見極めることができないし、自分はこう対処した、こう修正したという具体的な経験を語ってやることができない。彼らがやることといえば、「俺ができたのだから、お前もできるはずだ」と、自分のやり方を押しつけるか、「なぜ、そんなことができないんだ」と、頭ごなしに叱りつけることである。

しかし、自分ができたからといって、他の人もできるとは限らない。「俺と同じようにやれ」といわれて、同じようにやったからといって、必ずしも同じ結果が得られるわけではない。人にはそれぞれ資質というものがあり、ものごとに対する対処の仕方も違う。同じ山を登るのであっても、アプローチの仕方は人それぞれ違うのである。

指導者として大切なことは、指導する相手の性格や個性を察知し、それぞれに応じた教え方をすることである。伝えたいことは同じであっても、伝え方は相手や状況によって異なる。

「俺はこうした」「俺と同じようにやれ」と、いつもワンパターンのことしかいえないようでは、いい指導者や監督にはなれない。

88 決断力

監督に必要とされる資質は、ここぞというときの決断力、度量である

私は監督として選手に指導する際、それぞれの選手に応じて、「ツボ」「コツ」「注意点」の三点を使い分けながら指導した。

「ツボ」とは、そこをしっかり押さえておけば、状況を自分の有利に運ぶことができるポイントである。たとえば、バッテリーの配球の傾向、狙うべき球種やコース、相手の弱点や攻略法などである。「コツ」とは、野球というスポーツを構成しているさまざまなプレー、つまり打撃、投球、走塁、守備などに関する技術的なポイントである。さらに「注意点」とは、これだけは絶対にやってはいけないこと、たとえば相手バッターの得意なコースや球種に投げてはいけないということを徹底させることである。

こうしたことを選手の能力や状況に応じて的確に伝え、理解させることができれば、選手は確実に成長し、自信をつけていく。選手が成長すれば、チームは自ずと力をつけてい

き、強いチームへと変貌していく。そうなれば、その監督、指導者は、名監督、名指導者と評価されることになるのである。

もうひとつ、「名選手、必ずしも名監督ならず」に関していえるのは、選手と監督では、そもそも求められるものが違っているということである。チームの主力選手であれば、多少はチームのことも考えなくてはいけないだろうが（それでこその主力選手なのだが）、選手は基本的には自分のプレーのことを考えていればよい。

しかし、監督はそうはいかない。相手を分析し、作戦を立て、選手の起用を考え、勝利に向けてチームをマネージメントしていかなくてはならない。監督に必要とされる資質で一番大事になってくるのは、ここぞというときの「決断力」である。

もちろん、野球の技術やプレーに関する知識はある程度必要だが、それよりも監督には、ここぞというときの決断力やリーダーシップが求められる。

いわば、人間としての「度量」という野球以外の要素が求められるのだ。それは、名選手として日の当たる舞台を歩んだからといって、簡単に手に入れられるものではない。つね日ごろから、**人間とは何か、何のために生きているのかといったことを考えていなくては身につかない**ものなのである。

89 脇役

いい「脇役」がいてこそ主役の仕事も光る

野球をドラマと考えるなら、そこには主役だけでなく、脇役も必要である。いい映画や芝居になればなるほど、すばらしい脇役がいるものだ。一瞬、きらりと光る演技を見せたり、いぶし銀のような鈍い輝きを発する名脇役がいてこそ、いいドラマは成立する。そうした**脇役がいるからこそ、主役も輝く**ことができる。

野球でも、「俺が、俺が」の主役ばかりでは収拾がつかなくなる。それが許されるのは、エースピッチャーと呼ばれるような選手ぐらいのものだろう。ピッチャーは、「俺が、俺が」でいい記録を残せば、それがチームの勝利に直結することが多い。それ以外の選手は、そうであってはならない。

そもそも野球は、状況判断のスポーツである。

一球ごとに状況が変わる。そのつど、そのつど、状況に応じて選手に要求されるものも変わってくる。

そのときに、「俺は主役だから」とふんぞり返っているような選手は、チームにとって役に立たない。たとえ、四番バッターであっても、状況によっては脇役にならなくてはいけないときもある。

それによって、攻撃につながりが生まれることでチームが得点をあげることができる。野球には一番から九番という「打順」があるが、それがただの順番であっては意味がない。打順が「打線」という線になっていかなければ、チームとしての得点能力は上がらない。そのためには、やはり脇役や二番手が欠かせないのである。

主役になりたい人間の多いプロ野球の世界で、二番打者を育成することは難しい。かつての巨人には土井正三《どいしょうぞう》、川合昌弘《かわいまさひろ》という名二番がいた。南海時代の同僚のブレイザー、阪急の大熊忠義《おおくまただよし》、ロッテから阪神に移った弘田澄男《ひろたすみお》、ヤクルトの宮本慎也あたりが記憶に残る程度で、数えるほどしかいない。

二番打者がきっちり仕事をこなすと、他の選手やチームに与える影響は計り知れない。二番がつないでくれたことで三番、四番といったクリーンナップは闘志に火がつくし、気持ちのうえでもチーム全体につながり感をもたらす。組織にとって「つなぎ役」の存在は不可欠である。

90 適材適所

それぞれが、個々の責任と役割を果たせば、いい結果を残せる

線としてのつながりという意味で興味深いのは、二番打者の存在ではないだろうか。二番打者に注目して野球というドラマを見るのも、野球を楽しむためのポイントのひとつである。

二番打者の一番重要な役割は、出塁したトップバッターを進塁させ、三番、四番というクリーンナップにつなげることである。自分が打てそうなボールがきても、ベンチから「待て」のサインが出ていたら、勝手に打つわけにはいかない。自分がアウトになっても、送りバントをしなくてはならない場面も多い。

二番打者は総じて犠打の数が多いが、これも脇役としての役割を示している。ただし、バントがうまいだけでいいのかというと、そうではない。バスターやヒットエンドランという技も要求される。また、トップバッターが出塁できないときは、なんとかして自分が

出塁しなくてはならない。

いい二番バッターがいるチームは、強い。たとえば、かつての巨人には土井正三、川相昌弘という名二番がいた。南海ホークスで同僚だったブレイザー、阪急ブレーブスの大熊忠義、ロッテオリオンズ（のち阪神タイガース）の弘田澄男なども記憶に残っているが、近年では、なんといってもヤクルトスワローズで活躍した宮本慎也だろう。

宮本は、一九九四年のドラフトでヤクルトに入団してきた。バッティングに非力な面があったが、監督だった私は、彼を八番打者として起用した。それはヤクルトの選手層の薄さということもあったが、その野球センスのよさから、彼を将来の二番打者として育てたいという考えがあったからである。

二〇〇一年には、若松勉監督のもと、宮本は二番打者に定着。シーズン六七犠打という日本記録を作り、ヤクルトのセリーグ制覇と日本一獲得に貢献した。

四番打者タイプを九人そろえたからといって、優勝できるようなチームになるとは限らない。それよりも、多様な才能を持った個々の選手が集まり、共通の目的のもとで一致団結し、それぞれが役割と責任を果たせば、いい結果を残すことができるのだ。

やはり、**「適材適所」を実現できた集団や組織が強い**ということである。

それで思い出すのは、日本シリーズ九連覇を達成したころの巨人だ。柴田、土井、王、長嶋、末次、高田、黒江、森と並ぶオーダーは、まさに適材適所の鑑《かがみ》。ONばかりに注目が集まってしまうが、その前後を固める選手たちがそれぞれの特徴を生かし、求められる役割を果たしたからこそ、九連覇という偉業を達成できたのだ。

これは組織というものを考えるうえでも、大切な視点である。

組織を構成している個々の人間には、それぞれ違った才能や個性がある。それを正しく見抜き、適したポジションや部署に配し、その役割を明確にすることで能力を最大限に発揮してもらうことができれば、その組織は上昇する組織になれるのだ。

91 ベテラン

組織の継続のためには新陳代謝が必要である

ベテランとは、端的にいってしまえば、キャリアを積んだものということになる。もちろん、ただ漫然と時間をすごしただけでは、キャリアを積んだということにはならない。プロ野球の世界でも、そう思わざるをえないような、ベテランならぬ似非《えせ》ベテランが多いことはなんとも嘆かわしい事実である。

能楽を大成した世阿弥によれば、経験を重ねることを「功」と呼ぶのだそうだ。つまり功を積むことで、人はベテランになっていく。

しかし、その功に安住するようになると、まったく進歩がなくなる。それを「住功《じゅうこう》」といい、そうなってはいけないとも書いている。ベテランになったからといって、それに安住しないで、つねに進歩を目指さなくてはいけないということだろう。

ベテランには、やはりベテランならではの持ち味がある。かつて楽天イーグルスを率いていたころ、山﨑武司というベテランがいた。四番バッターとしてチームを牽引し、二〇〇七年には三九歳でホームランと打点の二冠王に輝いた。最初、私は彼のことを誤解していた。楽天に来る前に所属していた中日ドラゴンズやオリックスブルーウェーブで、監督と折り合いが悪かったという噂を聞いていたし、自己中心的な選手ではないかという印象を抱いていた。

ところが、直に接してみると、実に男気のある人間であり、後輩や若い選手たちに親身にアドバイスしている姿をよく見かけた。ときには怠慢なプレーをしたり、手を抜いたりしている選手をベンチ裏で厳しく注意しているシーンもあった。

選手のなかには、ベテランになっても、後輩や若い選手にアドバイスも注意もできない選手もいるが、彼は違っていた。

ベテラン選手が、後輩や若手を叱ることができるチームは、必ず強くなっていく。

これは私の長年の経験からいってもそうなのだが、事実、楽天は少しずつ伸びていった。監督やコーチから直接、いわれるよりも、普段すごいと思っているベテランや先輩からいわれるほうが、同じ選手として若手選手は素直に話が聞けるし、真摯に受け止めることができる。

また、**当のベテラン選手も、注意した手前、自分が率先してやらなければシメシがつか**

ないという気持ちになって、いっそうがんばる。つまり、「住功」ではいられなくなるのである。その姿を見て、若手がまた発奮する。

そのようにして、ベテランはチームによき相乗効果を生むのである。それが、ベテランの大きな持ち味のひとつである。

92

新陳代謝

組織の継続のためには新陳代謝が必要である

組織において、世代交代は必要である。チームのなかで、ベテランがよい効果をもたらすことも真実だが、誰しも第一線を退くときは訪れる。

その潮時を迎えたベテランをどう処遇するかということは、プロ野球の世界に限らず、一般の企業でも頭を悩ます問題である。

プロ野球の世界は基本的に競争社会である。ベテランであろうが、若手であろうが、実力のあるほうを起用する。ただ、実力的にはまだ力不足と思われるときでも、将来、この若手がリーダーとしてチームの中心選手になっていくという気配を感じたら、思い切って抜擢することもある。でも、それは特別のケースであり、もし同じような実力なら、やはりベテランを優先する。

ベテランには経験も実績もあるからである。それを無視して若手を起用すると、ベテランを腐らせることになる。それによってチームが崩壊することもある。ベテランには、それだけの影響力がある。

ところが、ベンチを見回したときにベテランが勢ぞろいしているようなチームは、たいがい成績がよくない。

功なり、名を遂げた選手だから、そこに座っていることができるわけだが、それが必ずしも選手層の厚さにはつながらない。若手のように使い勝手よく起用できるわけではないし、かといってまったく衰えたのかと思うと、ここぞというときに活躍したりする。「だから俺を最初から使えばいいではないか」と内心で思っているのが、手に取るようにわかる。

しかし、組織を継続していくには、どうしても新陳代謝が必要となる。

「泣いて馬謖《ばしょく》を斬る」という故事ではないが、ときにはベテランの肩たたきもせざるをえない。

これはプロ野球の世界に限らず、あらゆる組織に共通した問題だろうが、**馬謖となってもらったベテランに報いるためにも、その人たちに代わる若手を一日も早く育てるしかない。**

あいつだったらしょうがないと、ベテランのほうが納得して去っていけるような若手を育てることが、組織を継続していくための鍵なのである。

93 決着

勝負の決着がどうなるのか、最後の最後までわからない

「勝負は下駄を履くまでわからない」

勝負の世界でよく聞かれる言葉だが、「下駄を履く」とは、ものごとが無事、終わって、帰る支度《したく》をすることである。つまり、**勝負はどう決着がつくのか、最後の最後までわからない**ということをいっている。

まさにその通りで、それまで首尾は上々、もはや勝ったと思って帰り支度を始めたのだが、最後の最後になって負けてしまうということは、プロ野球の世界でもよくあることである。

これは野球に限らず、一般の仕事の世界にも当てはまることではないだろうか。綿密な計画を練り、周到な準備をして、あと一歩で契約にこぎつけられるという寸前で、それがオジャンになることがある。「詰めが甘い」と、私自身、何度いわれたかわからない。

下駄を履くまでわからないという例で、いま思い出すのは、「江夏の二一球」として知られる一九七九年の日本シリーズである。広島カープ対近鉄バファローズの戦いは、三勝三敗で最終戦にもつれ込んだ。広島が四対三とリードして迎えた九回裏、マウンドには絶対的ストッパーの江夏がいた。しかし、ここで近鉄は最後の反撃に出て、ノーアウト満塁にこぎつける。見ている誰もが、近鉄の逆転サヨナラ勝ち、悪くても同点で延長にもつれ込むことを予想したはずである。この試合で、私は取材者としてバックネット裏に座っていた。

江夏はまず、迎えた代打を空振り三振に切って取り、ワンアウト。次のバッターに対してワンストライクを取った後で、決定的な場面が訪れる。近鉄ベンチはスクイズのサインを出したのだが、飛び出したサードランナーを見て、キャッチャーの水沼が立ち上がる。それを見た江夏は、瞬時に外角に大きく外れるボールを投げる。バッターはなんとかスクイズを決めようと飛びつくようにバットを出したが、ボールはキャッチャーのミットの中に。サードランナーはタッチアウトで、スクイズは失敗に終わった。試合はそのまま広島が逃げ切り、初の日本一に輝いた。

94

油断

たった〇・一秒が組織の明暗を分けるときがある

前項の日本シリーズでの近鉄のスクイズ失敗は、江夏がバッターの動きを見て、故意にボールを外したのか、偶然、ボール球を投げたのが幸いしたのか、当事者の間で論戦があったが、バックネット裏で見ていた私は、そのどちらにも与しない。あれは、広島のキャッチャー、水沼のファインプレーだと思っている。ランナーが走り出したのが見えた水沼は、その瞬間、大きく立ち上がった。その動きが見えたから、江夏はボール球を投げることができたのだ。その証拠に、江夏が投げたボールはカーブだった。もし、スクイズがわかって外したのだとしたら、ストレートを投じたはずである。江夏はカーブでストライクを取りに行こうとしたのだが、水沼がいきなり立ち上がったので、カーブの握りのままで、大きく外れるボールを投げたと判断している。あのシーンで、スクイズだと思って、瞬時に外す球に切り替えるような時間的余裕はなかった。

このシーンは、別の見方をすると、サードランナーの藤瀬史朗《ふじせしろう》の〇・一秒の「油断」ということになる。スタートのタイミングが早過ぎたのだ。藤瀬は通算代走盗塁数の日本記録を持っているほどの足のスペシャリストだった（二〇一四年にジャイアンツの鈴木尚広《すずきたかひろ》が塗り替えたが）。しかも、江夏は左ピッチャーであり、サードに牽制をしてこないから、スタートしやすいと踏んだのだろう。それで〇・一秒早く、スタートを切ってしまった。

しかし、あのスクイズの場面では、ピッチャーの踏み出す足が地面に着いたときがスタートのタイミングなのである。足がマウンドに着いてしまってからでは、ピッチャーは細工や切り替えができない。にもかかわらず、まだ足が上がっている段階でスタートを切ってしまっただけに、江夏は水沼の動きに合わせてボールを外すことができたのだ。それは、ほんの一瞬、まさに〇・一秒ほどのタイミングの差である。しかし、その一瞬で、水沼に察知されてしまったのだ。

ノーアウト満塁になったとき、近鉄ベンチのほうをフッと見たら、普段はほとんど笑顔を見せない監督の西本幸雄《にしもとゆきお》さんが、ニタッと笑っていた。おそらく勝ったと思ったのだろう。

しかし、**勝ったと思ったときが一番危ないとき**なのだ。まさに、「勝負は下駄を履くまでわからない」のである。

95

派閥

派閥は良い面もある一方、組織をダメにする元凶ともなる

門閥《もんばつ》、学閥《がくばつ》、閨閥《けいばつ》、軍閥《ぐんばつ》などなど、組織には必ずといっていいほど「派閥」ができる。人間には他人に対する好き嫌いがある以上、これは避けられないことである。

絶海の孤島に一人で暮らしているわけではない以上、私たちは社会という組織のなかで生きざるをえない。自分はどの派閥にも属していないと思っても、見方によっては、何らかの派閥に属していることになる。聖徳太子が制定したといわれている『十七条憲法』の最初の部分に、「人皆党有り《ひとみなたむらあ》」とあるという。この「党」とは、派閥のことである。

派閥は内に対しては、結束を強めたり、助け合い精神を発揮したりと、必ずしも悪い面ばかりとは限らないのだが、外に対しては排除や差別の感情を生みやすい。

さらに、組織全体の伸長よりも、自分たちのグループが、その組織内で主導権を握ることを第一に考えるため、結果的に組織をダメにする元凶となることが多い。

そのことを身をもって知ったのは、阪神タイガースの監督を務めた一九九九年から二〇〇一年の三年間だった。正直にいって、あれほどやりにくいと思った球団は、後にも先にもない。

やりにくさの原因のひとつは、生え抜き意識の強さである。その典型が、阪神OB会と呼ばれる元阪神の選手たちを中心とする集まりである。よそ者は受けつけない、よそ者は出ていってくれといわんばかりの雰囲気がありありで、練習中に勝手に入ってきて、選手を指導したりしている。これでは、現場の監督やコーチの考え方や指導法を徹底できない。

そもそも、私が監督になるのも異例中の異例で、阪神の監督はほとんどが元阪神の選手である。戦後に限るが、阪神の選手でなかった人物で阪神の監督を務めたのは、岸一郎《きしいちろう》さん、藤本定義さん、杉下茂《すぎしたしげる》さん、ドン・ブレイザーさん、中西太《なかにしふとし》さん、そして私と星野仙《ほしのせん》一《いち》ぐらいだろう。しかも、そのほとんどが、就任期間が一、二年と短命に終わっている。

よそ者は受け付けないという体質が選手にも染みついているのか、キャンプ中にミーティングを開いても、まともに聞いている選手がほとんどいない。その態度は、阪神の前に監督を務めたヤクルトスワローズの選手とは大違いだった。ヤクルトの選手たちは、身を乗り出し、メモを取って、私の話を熱心に聞いていた。ところが阪神の選手は、「はよ、終わってくれ」といわんばかりに、時計を気にしてばかりいた。

96

甘やかし

甘やかし構造のもとでは、競争意識も向上心も芽生えない

阪神という球団の派閥意識に輪をかけるのが、「トラ番」と呼ばれる記者連中である。大阪でスポーツ新聞を見ていただければ明らかだが、勝とうが負けようが、大阪のスポーツ新聞の一面はいつも阪神の話題と決まっている。

当然、選手を取材して話を聞かなければ記事は書けないわけで、そのため、トラ番記者たちは選手のことをまったく批判できない。選手と記者が仲よしこよしの派閥関係になり、いわば記者が選手を甘やかす構造になっている。挙げ句の果て、「選手はよくやっている。阪神が弱いのは監督と球団のせいである」という結論になってしまう。

私が退任した後に星野仙一が監督になったが、あるとき、トラ番記者たちに向かって、「おまえらとは一切しゃべらん！」と、大きな声で怒鳴っているシーンがテレビに映されたが、あの気持ちがよくわかるのだ。この選手と記者のぬるま湯関係のようなものが、現

場を預かる監督としては、チームの運営に大変な障害となる。

どんな失敗をしても、選手はいっさい悪くないという甘やかしの構造の中では、選手に向上心など芽生えようもない。

これは一般の企業でも同じだろう。

組織のどこかに甘やかしの構造があれば、企業内のモラルは徹底されない。たとえば業績の悪化をすべて従業員のせいにし、経営側はいっさい責任を負わされないというようなぬるま湯構造のもとでは、従業員のモチベーションは低下する一方である。

経営陣対従業員という派閥抗争の意識がある限り、組織の中ではまともな競争意識も芽生えなければ、社員の心に向上心というものも生まれない。

阪神というチームを振り返ってみれば、私が現役時代のころから、たしかに選手間に派閥抗争のようなものがあった。

古い野球ファンならご記憶かもしれないが、監督兼選手の藤村富美男《ふじむらふみお》さんを追い落とそうとして金田正泰《かねだまさやす》さんらの主力選手が起こした「藤村排斥《はいせき》事件」というものがあった。その後も、両雄並び立たずではないが、村山実《むらやまみのる》と吉田義男《よしだよしお》、掛布雅之《かけふまさゆき》と岡田彰布《おかだあきのぶ》など、マスコミのネタとなるような派閥抗争を繰り広げている。

97 ケチ

ケチな人間はこの世の人情の機微を理解できない

人に嫌われるタイプに共通して見られるのは、「ケチ」なことである。プロ野球の世界では、遠征に行ったときなど、チームメイトが集まって食事会のようなものをすることが多い。

それによって、みんなでがんばろうと気持ちをひとつにする。そのときには、先輩や高い年俸をもらっている選手が黙っていても勘定を払うことになっている。私も、現役時代にはずいぶん払った。

ところが、そういうときに一切払おうとしない主力選手がいる。

そういう選手には、いかにチームの主力であっても、後輩や若い選手たちはついていかない。

いつも大盤振る舞いをする必要はないが、たまには「きょうは俺が払う」ということがあってもいいはずなのだ。それをしなければ、まわりから「ケチ」といわれて嫌われても仕方がない。

考えてみると、ケチもまた自己中心的な振る舞いだといえる。ケチな人は、人間社会が助け合いやもたれ合いでできているということが理解できない。

人のために何かをするのが損なことだと思っている。つまり、自分のことしか頭にないのである。

「男女を通じて絶対に矯正できない悪徳は、吝嗇《りんしょく》と臆病である」といった人がいたが、まさにその通りだ。吝嗇とはケチのことである。

この世は持ちつ持たれつだという人情の機微を理解できないようなケチな人に誰もついていこうと思わないのは、当然といえば当然のことである。

チームのリーダーや主力選手に求められるものは、野球に対する知識や理解だけではない。力量や器も必要である。力量や器の中身とは、どんなものかと改めて整理すれば、まずは「人望」ということになるだろう。

人望とは要するに、「この人についていこう」と思わせる力である。

そのためには、人間として尊敬できる人なのか、信頼できる人なのかといった要素も問われるのである。

98

自己中心

自己中心的な人間は、ここぞというときに信頼されない

私は処世術が苦手な男なので、いろいろなところで悪口をたくさんいわれているのかもしれないが、幸いなことに自分の耳に入ることは少ない。その代わりといっては何だが、人の悪口はよくいうタイプかもしれない。

人から悪口をいわれる人に共通して見られるのは、「自己中心」的な部分が目立つことである。とくに、野球のような団体競技において、**自分のことしか考えていないような選手は、まず嫌われる**と思っていい。

たとえば、チームが負けて、帰りのバスの中でみんながシュンとしているのに、一人だけ後ろのほうではしゃいでいる選手がいる。自分は四打数三安打で絶好調。それで陽気になっているのだが、そういう**自己中心的な選手は、いざというときに信頼されない**。

かつて大打者といわれたような選手のなかにも、そうした自己中心的な選手はいた。ラ

ンナー一塁で自分にバッティングの順番が回ってきたときに、わざわざそのランナーに向かって、「じっとしていろ。走るなー」と声をかけている。その選手は左バッターで、ランナーが一塁にいる限り、一塁手がベースについていなければならず、その分、一、二塁間が空いて、ヒットが出やすくなるからである。

しかし、その一塁ランナーは俊足で、スキあらば二塁に盗塁したほうが、チームの得点になりやすくなるのだ。つまり、そのバッターは、チームの勝利よりも自分の打撃を優先させていることになる。そんな態度が見え見えの選手だったためか、大記録を残したにもかかわらず、引退後は監督やコーチに迎えられたという話を聞いたことがない。

二〇〇七年九月にセリーグのペナントレースを占う大事な試合となった阪神タイガース対中日ドラゴンズ戦での、阪神の抑えの切り札、藤川球児《ふじかわきゅうじ》のピッチングも、そうした例のひとつだろう。五対五の同点で迎えた九回表、二アウト、二、三塁の場面。バッターは中日の主砲、ウッズだった。この場面で、藤川は初球から一一球続けてストレートを投じ、結果的にセンター前にはじき返され、それが決勝点となって阪神は敗れた。

マスコミは「力対力の真っ向勝負」と称賛したが、それは間違いである。あの場面で、ウッズはストレートしか待っていなかった。それはピッチャーの藤川もわかっていたはずである。であれば、二ストライクと追い込んだ時点で、変化球を投じていれば打ち取れた可能性が高い。にもかかわらず、彼はストレートにこだわった。それがプロの勝負だと思ったのかもしれないが、私にいわせれば、それは単なる個人のエゴである。自己中心的にしか、試合を捉えていない。自分のストレートに酔って、チームの勝利ということを忘れてしまっている。

チームの勝利を至上命題とするのがプロであって、独りよがりのこだわりを満たすことなど、プロの選手ならしてはいけないことなのだ。そういう自己中心的な選手は、チームメイトや監督から本当の信頼を勝ち取ることができない。

99

性格

性格はその人間が育った環境によって大きく影響される

A型は几帳面、B型はマイペース、O型は大ざっぱ、AB型は個性的。巷でなにかと話題となるのが、血液型による性格診断である。実は、こうした現象は日本人に特有のものらしく、海外ではそういったものはないという。

血液型で性格を決めつけられ、それが偏見や差別のもとになるようではいけないが、仲間内で話のついで程度に楽しむ分には問題はないだろう。かくいう私も、ある程度は、血液型による性格診断を信じている。

私も発足当初からの会員である「日本プロ野球名球会」ができたのは一九七八年だったが、ちょうどそのころ、血液型と性格は関連するという内容の本が出て、話題となっていた。興味を持った私は、名球会の会合があった際に、集まったメンバーを見ながらそれを当てはめてみたが、これが当たっているのだ。それ以来、血液型と性格の関連というものをある程度、信用するようになった。

そのうえでいうのだが、私はつくづくＡＢ型と縁がある。とくに最後に監督をした楽天は、主力級の選手の多くがＡＢ型だった。エースピッチャーの岩隈久志《いわくまひさし》、キャッチャーの藤井彰人《ふじいあきひと》、リードオフマンの鉄平をはじめ、五、六人がＡＢ型だったと記憶している。ちなみに田中将大《たなかまさひろ》はＡ型である。

私の経験からいって、ＡＢ型は基本的に天才型というか、合理主義者である。そのため、結論を出すのが早い。また、その日によって、別人のようになる。これは監督にとってはやっかいなことである。きょうはＡ型かな、Ｂ型かなと、顔色をうかがわないといけない。

もちろん、血液型によって選手起用を考えるというようなことはしないが、選手が何を考えているのかわからないと困るときがあるのだ。そのため、「ところで、あいつは何型だよ?」とたずねることになり、「ＡＢ型です」という答えが返ってきて、やはり「血は水より濃い」と納得することがしばしばだった。

普段は血液型のことをそれほど気にしているわけではないが、どういうときに血液型による性格の違いが出るかといえば、チャンスやピンチという通常の状態ではないときである。そういうときに、血液型ごとの特徴があらわになる。

それでも、その人間の性格に与える血液型の影響というのは、せいぜい一〇パーセント程度のものだと思う。
それよりも**人の性格に影響力があるのは**、「**氏より育ち**」といわれるように、その人間**が育った環境**だと思う。「水は方円の器に随《したが》う」という言葉もあるが、入れる容器の形によって、水は四角にもなるし、円くもなる。つまりは、**環境や条件によって、人はさまざまに変わる**ということだろう。

100

捕手的人間

捕手にプラス思考はありえない。私の性格はキャッチャー向きである

環境ということでいえば、やはり私の性格は、キャッチャーをやったおかげで形成されたものだと思う。キャッチャーというポジションが、こういう人間を作ったのである。

キャッチャーは、ほかの選手と同じレベルで試合を見ていてはいけない。リードしたらリードしたで、どうしたら逆転されずに試合を終わらせることができるかを考えなくてはいけないし、負けていたら負けていたで、どうしたらこれ以上、点差をつけられないようにすることができるかを考え、ピッチャーをリードしていかなくてはならない。

つまり、試合におけるキャッチャーの仕事とは、つねに最悪のシナリオを想定し、そうならないように危機管理をすることである。それゆえ、キャッチャーにプラス思考ということはありえない。

キャッチャーのことを漢字で「捕手」と書くが、本当は「補手」ではないかと思ってい

る。

守備において、監督の分身として、その仕事を補う立場だし、ピッチャーにサインを送りつつ、その能力が十分に発揮できるよう補う役割がある。また、キャッチャーのことを「女房役」と呼ぶこともあるが、夫としてのピッチャーを支え、補佐する役割がキャッチャーということだろう。

その意味で、私の性格はキャッチャー向きなのだろう。悪い予感がすることはあっても、いい予感を感じたことはない。

プラス思考には絶対なれない。つねにマイナス思考である。しかし、**マイナス思考だからこそ、起こりうる最悪のパターンを想定し、そこから逃れる術を考え出すことができるのである。**

私は家にいても、自分のことをキャッチャーだと感じている。妻の沙知代は、一から一〇まで自分の思うようにならないと気が済まないタイプの混じりっ気のない純粋B型である。世の中広しといえども、彼女とうまくやっていける男は私だけだと思っている。彼女が投じる荒れた豪速球を、私はただ受け続けるだけである。そんな私の血液型を、世間の人は何型だと思うだろうか。

【著者紹介】

野村克也（のむら　かつや）

1935年京都府生まれ。京都府立峰山高校卒業。54年、テスト生として南海ホークス（現、福岡ソフトバンクホークス）に入団。３年目でレギュラーに定着すると、以降、球界を代表する捕手として活躍。70年、南海ホークスの選手兼任監督に就任。73年にはパ・リーグ優勝を果たす。78年、ロッテオリオンズ（現、千葉ロッテマリーンズ）に移籍。79年に西武ライオンズに移籍するものの、翌80年、45歳で現役引退。27年間の現役生活では、三冠王１回、ＭＶＰ５回、本塁打王９回、打点王７回、首位打者１回、ベストナイン19回という輝かしい成績を残した。三冠王は戦後初、さらに通算６５７本塁打は歴代２位の記録。

90年、ヤクルトスワローズの監督に就任。低迷していたチームを立て直し、98年までの在任期間中に４回のリーグ優勝（日本シリーズ優勝３回）を果たす。99年～2001年、阪神タイガース監督。06年～09年、東北楽天ゴールデンイーグルス監督。「野村再生工場」と呼ばれ、ヤクルトでは「ID野球」で黄金期を築き、楽天では球団初のクライマックスシリーズ出場を果たすなど監督としても輝かしい功績を残している。20年２月、逝去。

本書は2014年10月に海竜社より刊行された
『野村克也の人間通』を改訂し、改題のうえ刊行したものです。

野村克也 人間力
2024年4月29日　初版発行

著　者　　野村　克也
発行人　　杉原　葉子
発行所　　株式会社電波社
〒154-0002　東京都世田谷区下馬6-15-4
TEL. 03-3418-4620
TEL. 03-3421-7170
https://www.rc-tech.co.jp
振　替 00130-8-76758
ISBN978-4-86490-255-7　C0095
印刷・製本　株式会社光邦
乱丁・落丁本は、小社へ直接お送りください。
郵送料小社負担にてお取り替えいたします。
無断複写・転載を禁じます。定価はカバーに表示してあります。
©2024　Katsuya Nomura　DENPA-SHA CO.,LTD.　Printed in Japan